給與我差不多的你

四月 著

我希望把我這些文字，分享給與我差不多的你。
當感覺孤單時，請想起在某個地方有個與自己經歷相似的人，
與你一樣，正在努力生活著。

寫在前面的話

　　這本書叫做《給與我差不多的你》，是因為我想把自己的經歷，分享給與我有相似經歷的人。

　　我們都可能在父母的摧殘下長大；

　　我們天生就不是聰明伶俐，長相出眾的孩子；

　　我們都得不到長輩與親戚的疼愛，過年過節在一群頗有成就的同輩面前顯得特別普通。

　　我們也不是不上進，不是沒有夢想，不是沒有想做的事情，只是現實的各種因素，讓我們成為了小人物，庸碌度日。

　　我們也以真心待人，但最後連一個朋友都沒有；

　　我們以 100% 的努力工作，但吃盡職場啞巴虧的也是我們；

　　我們有苦，但沒有人可以傾訴；

　　我們有淚，但只能在夜裏偷偷抹乾。

　　世界很熱鬧，車與人每天都在身邊經過，

　　但我們總覺得這世上只有自己一個人。

　　其實我們絕不是一個人，我們只是默默地生活在不同的角落中，彼此不認識而已。

　　所以，我想踏出一步。

　　我希望我們可以用這一種方式看到彼此。

　　我沒有什麼雞湯，沒有人生大道理可以分享，我記錄下的都是我遭受過的苦，我積累多年的怨懟，還有苦過後的感悟。

　　我希望把我這些文字，分享給與我差不多的你。

　　當感覺孤單時，請想起在某個地方有個與自己經歷相似的人，與你一樣，正在努力生活著。

目錄

我 的 母 親

如果問我，在母親或父親當中選一個與其同住，你會選誰？

主觀感情上，我對父親的厭惡是遠遠大於對母親的，但若真的要選一位同住，我還是會選擇父親。面對父親，保持基本的尊重外，我可以選擇不與他多說話，也可以躲在房中玩我的手機，看我的電腦，我與他的日常生活沒有任何的衝突，也可以時刻耳根清靜。但面對母親，我根本就沒法子維持這種不吵不鬧的生活，而且我十分肯定，這幾十年來痛苦的根源，當然有父親的錯，但多的是母親給我的，而且是長期深刻的傷害。

作為同樣是在父母精神折磨下成長的人，我是理解母親的。她是真的可憐，從她的抱怨中得知，她是外祖母意外懷上的孩子，曾經吃過墮胎藥想要打掉卻沒有成功，只好不情不願地把她生下來。因為是不被期待的孩子，外祖母打從心裏沒有把母親當女兒，從母親 8、9 歲起，外祖母便要母親承擔所有的家務。在家中煮飯清潔算是輕便工作了，最讓母親覺得辛苦的，是那個沒有洗衣機的年代，大冬天的母親要扛著全家的人衣服，在天沒有全亮時拿到河邊洗，洗乾淨了才可以去上學。哪怕發著燒也不能例外，手腳慢一點都會遭到外祖父的毒打。十年如一日的勤勤懇懇，細心料理好家庭去討好父母，卻從沒得到外祖父外祖母的一聲讚美。母親的一雙手從小便非常粗糙，但據說外祖母還嫌她做得不夠多，外祖母說她每天沒有間斷地勞動十二小時才算讓人滿意，否則母親就是個不孝女。

不僅成為家中女傭，母親還是舅舅欺負的對象。只要興致

來了便打一頓，有時還會搶母親的飯菜與零食。反正就是從沒有把她當成妹妹看，而這樣的欺凌，重男輕女的外祖父外祖母看在眼裏，也不會去管教。母親還有一位小她兩歲的妹妹，也就是我的阿姨。從母親口中得知，阿姨自小就是個小公主，從來不用幫忙家務，而且學習成績非常好，也很得外祖父外祖母的寵愛。怪不得這位阿姨一直讓我有一種冷漠感，大概她也把母親看成是傭人，而我就是傭人的女兒吧。

曾經我以為父親買了房子，我們一家搬到城市裏居住，遠離外祖母生活會比以前過得開心，但沒想到搬家後，才是我往後幾十年痛苦的開始。那年我十一歲，我做夢也沒想到，以後的幾十年，我會一直被淹沒在痛苦中。也許沒有了外祖母這個吵架的對象，母親把多年的積怨轉向我們，三十多年的時間，愈鬧愈烈。不管怎麼地大吵大鬧，怨恨也沒有絲毫退減，反倒是與日俱增。

我以前最怕寫的作文題目有兩個《我的母親》以及《我的志願》。

課本中的母親，總是堅韌溫柔，對自己的孩子從不苛責。因此，我認為老師是不會接受一篇把母親寫得不好的作文，所以我交的作文都是滿篇謊言，把母親捧到天上有地下無的那種。說句真心話，我每次交作業都是頭皮發麻的，是自己看著自己虛假的描寫而噁心得發麻。

如果讓我真實地描述，我會這樣寫：

我的母親，是一位痛苦的人，她的內心非常不平衡，所以她總是用抱怨來撫慰她內心的不平衡。

她吃飯抱怨；看電視抱怨；對毫不相關的人抱怨，甚至做夢時也會抱怨……而她的抱怨，總是從說她小時候被父母折磨開始，接著到她與父親結婚，懷孕帶孩子，再到居住環境，股票樓市……幾十年來，我還真沒看到有什麼事情能讓她滿意的。

母親渴望關愛，我們都知道，也嘗試過以行動表示。她在

做飯，我就在一旁切菜，但一邊切一邊就是聽著她無休無止的抱怨。她去買菜，我就拖個地板，擦拭一下傢俱，但無論我做得怎麼用心，她評語都只有一句，就是我做什麼都比不過她。

我也試過送禮物，但落得的結果更是慘淡。

我記得父親曾為了哄母親高興，給她買了個 2000 多元的手袋，卻經常被母親拿來抱怨說款式不夠時尚，所以很少去使用，後來因為太久沒有用而滿佈灰塵，母親想都沒想便把手袋扔了。

母親生日，我給她買生日蛋糕，我記得她說不喜歡巧克力的，所以就挑了個水果較多的蛋糕。本以為沒讓她稱心滿意，至少也能搏她一笑吧？！可沒想到當她看到蛋糕時，臉色馬上沉下來。

「你知不知道蛋糕用的都是罐頭水果？一點不新鮮？！那些白色奶油跟漿糊一樣，比屎更難吃！」

這些都是她的原話，我完全沒有誇大！唉……真的無話可說。她這種人實在不多見，換著是其他人，即使收到不喜歡的禮物，至少也會說聲謝謝，事後送給別人也好，把禮物扔掉也好，但都不會當著對方面讓對方難受的。但母親管你什麼心意不心意，只要她不喜歡，她就不會跟你客氣。難怪有人說，家人就是用來盡情傷害的。別跟我說可以跟母親好好溝通這樣的鬼話，我的母親我會不瞭解嗎？母親若能好好溝通，我也不用受這種委屈。

最讓我傷心的一回，是我送她的一枚戒指。雖然小，但材質也是白金與鑽石。即使那顆鑽石真的很小，可就當時的我而言，已是盡了最大的努力了。那時工資真的不高，給了家用後，剩下的錢就只夠坐車與吃午飯，連一件二百元的衣服都買不起，我是咬著牙存了幾個月的錢才把這枚小戒指買回來的。沒想到她一直沒把這份心意當成一回事。某次她吵鬧起來時，把這戒指往我臉上扔，還大聲地咆哮：「把你這個假貨拿回去，買這

種路邊攤的東西來敷衍我！」我的心頓時涼了一大截！這戒指是從正規的珠寶連鎖店買回來的，還附上了品質鑑證書。但我懶得反駁了。從那時候開始，不管是母親節或是她的生日，我都決心不會再送她任何東西，說我什麼大逆不道，不懂孝順，我都認了！我是再也不會用我的血汗錢與真誠去換委屈與眼淚！

2015年，對我來說是非常特別的一年，這年父親終於受不了搬回內地住，而弟弟也住進了精神病院。本來我以為，主要的怨恨對象不在家，母親的嘴巴會收斂一點。但沒想到的是，父親不在家，母親的抱怨還是不消停。有事沒有事，都會說你父親過去怎麼怎麼壞；東西找不到，就立刻認為是父親偷走的；好端端地吃著飯，她又會說你父親吃飯如何的狼吞虎咽，又有這樣那樣的陋習……我知道我不應該打斷她或是反駁她，因為這樣只會讓她的抱怨得更厲害。但她的抱怨實在是太太太太太煩了，某次她又在抱怨的時候，我終於忍不住說道：

「人都不在這屋子中，你這樣天天抱怨有什麼用？」

然後，她說了一句話，一句我怎麼都沒想到會出自她口的話！

她說：「你就是喜歡他在你面前自瀆，所以才這樣維護他！」

我當時呆了幾秒，一時間反應不過來，但很快我便被滿滿的憤怒佔據。

我明明記得，父親每次對著我做這種下流行為時，母親都在廚房忙的。我沒想到她知道這件事，但她知道這件事後，身為母親，看到丈夫在女兒面前做這種事竟然不加以阻止，還當作什麼都沒看見？！真是好一個色厲內荏！平日裏就是戰鬥力無限的超級母老虎，在鄰居面誇耀自己是全世界最公道，最好的母親，在關鍵時刻還不是膽小怕事，不敢聲張的小人？！

母親受盡了原生家庭的折磨，她痛苦但又不懂如何排解，所以她不平衡，不斷抱怨。過去她沒有人愛，她只能自憐以致她極

度自我中心，她肆意地宣泄她的恨，完全不用考慮家人的感受。她口不擇言，任意地把我們的自尊踩在腳下。她讓我們痛苦，來撫慰她的痛苦，但最後還是化解不了她的痛苦。我理解她的痛苦，所以我容忍；我買禮物哄她高興；我嘗試與她好好談心；甚至找來心理輔導員來幫忙。然而我不但碰了一鼻子灰，連輔導員也被她罵到灰溜溜地離開。但即使這樣，我對母親還是恨不起來，我看到的只是一個深陷痛苦漩渦，任憑誰都拯救不來的可憐人。我討厭父親，是因為他根本不愛這個家庭，而且下流好色又大男人。可是母親，我一直認為她不是不愛我們，只是不懂愛我們而已。

然而她這句話，使我對她徹底失望！我自那時發誓，除了必須要負的責任外，她的情緒與痛苦都與我無關。她這句話就如一盆迎頭潑來的冷水，使我瞬間明白到，我如此痛苦，是因為她一直把她的痛苦附加到我的身上，從孩童時期開始，我便是她的痛苦接受器。所以我才會從小多愁善感，因為在她的拉扯下我不自覺地跟著她走進苦痛。我深刻的自卑感，也有很大的一部分來自她毫不留情的批評。但她說了那樣的話後，我感覺自己好像從黑暗中醒來，自此便與她製造的情緒陰影分離。我也完全放下了一個女兒對母親的期許，同情及理解，因為她與父親一樣不值得。這個女人，這個我喚作母親的人，從此只有血緣。今後我要成為旁觀者，看著她抓狂，但不會被她牽著我一起抓狂，她的話再怎麼尖酸刻薄，我都當作耳邊風。這個女人，既然她喜歡留在情緒泥潭中掙扎，那就讓她一直留在那裏大叫大嚷，我不再理會了。

母親是真的可憐，但她不可以用可憐為由，讓身邊的人都陷入無邊的痛苦中。正如窮困潦倒之人，不能以窮困為由，拿著槍到銀行搶劫。母親與父親在我看來，是完全沒有共同語言，沒有共同興趣，根本就不應該走在一起的人。但有一點他們倒是非常相似，就是幾十年的人生中，他們都沒有成長過。

父親是一直停留在封建時代的大男人思想中，而母親則一直不肯自我檢討，消化多年來積下來的痛苦。她只是一味地想討個平衡，一味地宣洩自己的痛苦。她從不曾想過，她心底渴望的關愛、溫柔，其實一直等著她去領取。

她怨我總是找籍口避開她，話都不跟她多說，但她可曾想過，只要她不是一味地沉浸在過去，不是年年月月地抱怨不停，好好地享受一下眼前擁有的一切，與父親好好相處，我們又豈會不願陪伴她，跟她聊天？她總是怨父親不稱職不盡責。但連我這樣討厭父親的人也不禁要為他說句公道話。父親的確是下流不稱職，但踏入老年的他真的收心不少。他對母親也真的容忍不少，也試過放下自尊去哄母親，不難看出他是希望能與母親平靜地度過晚年的。然而母親卻如討債般不依不撓，父親退休後的日子，更是一天比一天吵得厲害，過去可能一個星期或一個月吵一次，但父親長期留在家後，母親幾乎每三天鬧一回，家中的氣氛總是滿滿的繃緊與戾氣。以致很長的一段時間，我下班後都不想回家，在樓下的公園坐到不得不回去的時候才歎著氣回家。

母親鬧了這麼多年，如果肯放下一點，讓自己輕鬆一點，大概現在一家人都很和睦地相處，是母親親手把我們推開。我已非常厭煩那些什麼她始終是你媽，你要理解她巴拉巴拉的鬼話！她是可憐，本來是該被同情，但她把自己變成可恨之人，讓我們的心與她愈離愈遠，那是她咎由自取。

現在，經過一系列的心理治療後，我對母親的理解比過去更加深刻，更覺得這個女人實在太可憐，弟弟住進精神病院，父親不在身邊，如果我也走了，她會變成怎樣呢？但如果我有能力走，我還是會走的，但我不會離她太遠，畢竟該盡的責任還是要盡的。如果還有來生，那麼老天爺，我這幾十年的苦楚可以不可以換來生有一位溫柔慈愛的母親？

我的父親

　　在我還是小孩的時候，完全不清楚父親是一個怎樣的角色。聽著身旁的同學興奮地說起父親給他買了什麼玩具；父親帶他到什麼地方玩；父親與他在家中的各種趣事時，我都有點莫名其妙。他們口中的「父親」，似乎都與他們很親近。而我家中，也有一位經常不見的，母親要我喊他作「父親」的人，怎麼完全不是他們說的那樣？

　　在我的童年記憶中，家中偶爾會出現一位長相非常不友好的男人，他的眼神有點猙獰，臉上滿佈凹凸洞，每次看見總能讓我想起書中的惡霸土豪。而他的行為也真的很像惡霸土豪。

　　記憶中，他每次回家，都是擺出一副很高的姿態。一進門就要母親給他拿行李，然後如大爺般坐在椅子上，要我給他拿拖鞋。每天放學回家看見他，就是見他懶洋洋地躺在貴妃牀上，悠閒地看著電視或以一副得意的表情，看著家中忙碌的母親。那種悠然自得，完全是一副土豪地主看著女傭工作的模樣。即便我當時年紀小，但看著也感到非常不舒服。

　　每次吃飯的時候，他必須坐最正宗的位置，等著母親為他盛好飯，放好筷子。那個時候我與弟弟還小，母親要顧的事太多，有時實在忙不過來時，便叫父親給我們盛碗湯什麼的，可他卻說作為父親的，怎麼可以為孩子做這種事情？我還記得過年時候，母親叫父親給我們封紅包，父親卻皺著眉頭說，我不是已經給了家用嗎？怎麼還要我另再花錢？從那個時候我便朦朦朧朧地意識到，這個人與我，僅僅是生物上的聯繫而已。很多年後，表妹約我出去玩，那時我還是學生，身上沒錢，碰巧

父親在家，於是便結結巴巴地求他給我點錢，一兩百就夠了，並且保證不會亂用。但他最後仍是沒有給我，理由還是這個，我已經給家用了，不想再另外花錢。

隨著時間的流逝，我逐漸成長，發現不僅是錢，從生活的各個方面，這個男人都是一副高高在上，難以交流的樣子，完全給不了我親人的感覺。多年來，不管我怎麼騙自己，怎麼逼自己，我對父親都沒有親人的感覺，相反，對他那種抗拒與厭惡感卻一天天地增長。

我極度抗拒與父親親近，看電視，吃飯，我都儘量不坐在他旁邊，如果實在沒辦法，我也會儘量拉開與他的距離，偶爾碰到手指頭，我都要立刻洗手！讓我最感厭惡的，就是夏天的時候，他在家中愛光著上身，穿著短褲，半躺在沙發上看電視的樣子。他旁若無人地抓揉著自己的乳頭，一雙腿張得很開，把整張沙發都佔據了，偶爾走過，瞥見他那又黑又濃又長的腋毛，感覺格外的噁心。他這樣的姿態總讓我感到一股慾望的氣息，就好像野獸吃不飽，在強忍著饑餓的感覺。我不知道為什麼我有這種感覺，我曾經也很質疑自己，那個人怎麼說都是我的父親，我不應該對父親有這種噁心的感覺，可我就是停止不了這種噁心感，我只能努力地壓抑這種噁心感，盡可能保持著與他正常平和的相處。

多年後，父親離家，弟弟已被送進精神病院。因為一次與母親的吵鬧，讓我不但對母親徹底失望，也翻起了一段被我遺忘的記憶，同時也讓我明白，為什麼我對父親總是莫名其妙地感到噁心。

我想起了很久以前的一天，我當時大概是 6、7 歲的年紀，父親突然把我抱起放在他的大腿上，然後用他滿是鬍渣的臉在我的臉、脖子、耳邊擦來擦去，我感到非常難受不適，哭著推開了父親，沒想到他竟拎著我的脖子，把我拎起再一把將我拋到門外去，嘴上還大吼著：「竟然不當我是親人！竟然不當我

是親人！」我的膝蓋與手都擦傷流血。母親從廚房出來看見，說了父親幾句，然後帶我去止血。但事後，還是要我向父親道歉。老實說不管當時或現在，我都不覺得我有什麼錯，因為父親這種的行為確實讓我不舒服，讓我感覺身體被冒犯了！但母親不維護我，我也怕再被父親打，所以只有硬著頭皮認錯。

自那次起，我就很怕父親放假回家。因為只要他在家，他興致一來，就喜歡把我推倒，壓在他身下，然後在我的身上磨擦來磨擦去。就連平日他跟我說話的時候，早上叫我起牀的時候，都喜歡把他的身子壓在我身上，頭垂得好低，他的嘴唇幾乎貼上我的嘴，我不僅聞到他的口氣還感受他牙縫間噴出來的口水，因為不想被暴打，我都不敢反抗，有時還要在他磨擦我身體的時候笑著配合他。

到我再長大一點，大概九歲左右，我發現他有了另一個習慣，就是坐在我身旁看電視時總愛一隻手伸進自己的褲襠中揉來揉去。那時候我只是個九歲左右的小孩，根本不知道這樣做是什麼意思，就是直覺地感到很噁心，很不雅，當然我也不敢問他這樣做是怎麼回事，只好在每次看見他這樣做時候立刻把臉別過去，專心看電視當作什麼都沒看見。大概是這些事情讓我感覺太噁心了，所以下意識地要自己不要想起，不要對任何人說，時間久了，我就真的忘記了這回事，就只記得對父親的厭惡感。

往後無論我怎麼催眠自己，怎麼逼自己要尊重他要孝順他，都沒法抹去我對他的厭惡與抗拒。我知道一定會有不少人在看到我這些文字時感到不滿。比如家醜就不應該外傳，比如他再怎麼壞都是我的父親，作為兒女不應有任何責難等等！如果真有這樣的人，即使不禮貌，我也必須說一句：什麼都不知道，煩請閉上你的嘴！你永遠不會知道，為了消除內心對他的恨意，我付出了多少努力！

我試過從瞭解父親的成長背景去說服自己。父親是真的可恨，但瞭解他的成長過程，也看到他的可憐。我從沒有見過我的祖父，因為在父親 11 歲的時候，他便離世了。那時父親只是個孩子，因為是大哥，所以小小年紀便跟親戚到香港打工養家。但他幾十年來獨自打拼的苦，似乎都沒有得到祖母與兄弟姐妹的體恤與珍惜。因為我每次看見的情景都是，父親與祖母見面，接著父親給她一疊錢，然後與祖母聊了幾句便離開。我可從沒見過祖母反過來問父親，你在外面辛苦嗎？你與孩子過得怎麼樣？更沒有見過祖母叫父親喝水，或是叫他留下來，給他做頓飯。小時候我不懂，為什麼母親與祖母都不見面的。但現在我知道了，除了母親與祖母之間的恩怨外，也有父親的問題。大概是父親離家太早了，祖母早已經不把這孩子當成是孩子，而是負責供養她的人，所以他們每次見面的時間都很短，有時甚至把錢給姑姑或叔叔，讓他們轉交給祖母，連面都懶得見。兒子尚且如此，兒媳與婆婆之間就更不可能有來往了。父親與祖母之間，恐怕除了錢，已沒有多少親情了。

　　許多人年輕時脾氣火爆，但隨著年紀增長，脾氣也漸變得平和，父親就是這樣的人，但母親卻相反，年紀漸長，暴脾氣跟著暴漲。那些過去積累的怨恨與委屈讓她的內心一直得不到平衡。當我出來工作的年紀，母親就如討債般向父親宣泄，三天一小吵五天一大吵，還經常在三更半夜的時分。母親說話從來不計較分寸，總之能讓她盡情宣泄，她就什麼話都能說出口。每次吵起來，家中其他人都會盡力容忍，不去反駁，但每次到最後都情緒崩解，因為母親的話實在太傷人太過分！有些話甚至把父親氣得走到廚房拿刀，他克制著不砍向母親，卻把門斬破了。我也忘了我家到底報了多少次警，沒事也不想驚動警察，但唯有警察來到，屋子才可以平靜下來。

　　這樣的情況至少持續了十年，在父親搬離前的兩三年更是

加劇。我看著父親被母親吵到半夜起牀到樓下的公園過夜；看著他白天被母親吵到坐在公園長椅上發呆；也看著父親無奈地收拾了衣服，回鄉逃避。我也曾多次向家庭調解機構求助，然而母親的內心實在太不平衡，太過自我中心了，那些調解員都被她罵到無話可說。最後父親只好長期搬離，與母親分居，家裏平靜的日子才變多。

直至我執筆寫這篇文章的今天，父親與我們分開住已經 7 年了。7 年當中，就只有 2018 年的時候與他匆匆見過一面，還是在我非常不情願的情況下。

母親對他做的事實在是過分。明明可以過著平靜的日子，但母親的脾氣來了，就吵到雞犬不寧。我看到父親真的是盡力容忍了，也看見他這種從來不去哄孩子哄妻子的人，笨拙地做了一些事，試圖去修補這段早已破碎的關係。過去看到他坐在公園裏發呆的背影，也有過想上前給他幾句安慰，但最後我還是停住了。

他的確可憐，但我也很可憐，這麼多年了，我一直都沒法抹掉他的性騷擾在我心中留下的傷害。他過去自恃是一家經濟支柱，對家裏的大小事以及他自己的兒女都不聞不問。母親的怨恨那麼大，也是因為他過去從沒有以家人的心去對待她，即便在她懷孕的時候，家務從來不會搭把手，什麼換尿布沖奶粉，他也從來不參與，在母親懷著弟弟時，腹大便便地一手抱著一歲的我，一手還拿行李，他非但不幫忙，還嫌母親走得慢。

我對母親十分了解，她說的話不可以完全相信，因為只要是讓她感到不愉快的事，她都會加鹽加醋，以一個嚴重十倍的版本轉告給他人。但根據我對父親多年的觀察，母親那些指責的話還是有可信性的。

在父親的眼中，他的家人就只是他的兄弟姐妹與他的母親。他會催我趕快還借他的錢，但三十多年前，他借給叔叔的

三千元，就完全不需還。他不願意再額外花錢給我封紅包。但多年不聯絡的叔叔過來玩，他要求我陪叔叔去玩，所有花費可以由他承包。他說過他知道姑姑每次見面，都圖他的錢，但因為那是他妹妹，看在親情分上他也必須給。但母親用他的錢給我買了套衣服，他卻黑臉一整天。說到底，我與弟弟還有母親，就只是他給自己，給家人的一個交代。過去中國人的普遍觀念是必須要結婚，必須要傳宗接代。所以他順從家人所安排的婚姻，有老婆有了孩子，他就完成了人生的大事，給了祖母一個交待。他定時給母親家用，就算盡了對家庭的全部責任，所以其餘的他不管。

但是種瓜得瓜，種豆得豆。過去種下了什麼因，今天就會得到什麼果？他今天的可憐，又何嘗不是他過去的可恨所種下的果？血緣只是生命的承傳，大自然是如此，父母子女也是如此。然而情感不可以承傳！一位對家庭冷漠，對自己女兒都沒有邊界意識的父親，沒有資格要求孩子們尊敬他孝順他！如今父親年事已高，獨自一人住在過去的房子裏，因為疫情的關係，也三年沒跟他見面了。偶爾我也會為他擔心，可我每當拿起手機想向他發個問候短信時，他對我做過的噁心事也會隨之浮現，因而每次我都放下手機，他不值得！

我不在意別人看到這篇文章時是會如何評價我，無論給我什麼的惡評，我的想法都不會改變。愛就是愛，不愛就是愛，為什麼要對不稱職的父母那麼包容，為什麼要吃盡苦頭的子女多番遷就忍讓？前兩天，我看到內地一個家庭調解的節目。70多歲的老母親不遠千里去尋找送給別人養的小兒子，本來以為她是想找到兒子，再為當年的事作出彌補。誰知看下去才知道大兒子去世，二兒子生病失去生產能力，唯有希望這個不是自己養大的小兒子回來供養自己。小兒子哭訴說，當時被養父母折磨，跑回家求母親把自己帶回去，母親卻狠心不開門，所以

他不能原諒母親！

　　調解的方向不用想也知道，一群所謂的專家都在勸兒子要原諒母親，但卻沒有人為兒子說一句話。這兒子實際上也不是養父母養大的，因為被養父母折磨得太慘，他就一個人跑了出去，多年來是自己養活自己，自己獨自長大。他的痛苦那些所謂的專家會看不到嗎？那些專家們會不知道母親的自私嗎？他們都知道，但他們都不想當別人眼中的「不孝」之人，所以只要父母沒有奪走孩子的性命，他們做過什麼都可以被原諒。但我不怕背負「不孝」之名，我只是說出真心話，對於父親，我能做得到的，就是若他要幫忙，我有能力的話也一定不會置他於不顧，但別想要我捂著真心，虛偽地說，我愛我家，我愛我父親。

我母親還生了一個比我小的兒子

在寫這本書的時候，我曾經非常糾結要不要把他寫進來。因為我真的不知道我可以說什麼，對這個叫做弟弟的人有什麼感情。雖說我們倆是同一屋簷下長大，但他在我眼中，就僅僅是母親生下來的另一位孩子，一位與我有相同血統的男性而已。什麼同根親情血濃於水，我對他都不曾有過，正確地說是我們相互都不曾有過。每每想到他，都是說不盡的唏噓，我真不明白老天怎麼會把如此無緣的四個人，緊緊綑綁在一起，成為痛苦的一家。但不管我如何地不願意，我都要承認，我有一個弟弟，是確確實實的存在，也是在父母精神折磨下長大的可憐人。

如果說我與弟弟從出生起就是形同陌路，那倒不是，我真正的痛苦歲月是在 11 歲一家人到另一個城市定居開始。而 11 歲前，我的日子也不能說過得很好，但遠沒有 11 歲後過得辛苦，在家裏與弟弟也會說說笑笑，打打鬧鬧。我對 11 歲前的自己，沒有很多抱怨。如果非要抱怨，那就是母親與外祖母的吵鬧聲以及外祖母對我的態度。

外祖母是典型的重男輕女之人，再加上她不喜歡母親，看不起沒有房子的父親，因而對我也看不順眼，有事沒事都愛把氣撒在我頭上，那時我若年紀大一點，我大概忍忍便過去。但那時我只是個幾歲大的孩子，無緣無故被外祖母罵，很自然地就去找母親。這導致母親與外祖母經常爭執。但無論家裏吵得怎麼厲害，弟弟也不受影響，我也從不曾見到過外祖母像對待我一般對待弟弟。

如果有人問，你可曾為此嫉妒過弟弟？沒有！不管你相不相信，從來沒有！因為對一個人沒有任何期盼時，就不會在意她喜歡的人或事。打小外祖母就對我冷漠異常，讓我很小便意識到不可能得到她的關愛，所以也從沒期待她會對我有所轉變。只要她不是沒事就對著我發脾氣，我就只當家中多了一名有血緣的客人。真正讓我耿耿於懷的是母親的做法。

小時候在農村，住的是祖傳下來的三層村屋，門前是一條河，門後是楊桃園，周圍住戶不多，但樹多草多。所以入夜後特別的黑暗寂靜，加上隱隱約約的蟲叫，讓年幼的我格外害怕。但偏偏母親要我一個人睡在樓上，而她則與弟弟一起睡在樓下。其實那張牀睡兩個孩子與一個成人是沒有問題，但母親就是要我一個人睡樓上，任憑我怎麼求都沒有用。她說我是姐姐，應該要讓一下弟弟，但即使比弟弟年長，我也只是個是五、六歲的孩子而已！沒有大人的陪伴，我一個人躺在牀上，身體不由主地發抖，整晚輾轉難眠，一點風吹的聲音都會把我嚇得冷汗直冒，有時會害怕到哭，哭到天快亮才合上眼睛。這樣的日子我忍受了一段時間後就不管了，我估計母親不會半夜到樓上來的，於是我就不關燈睡覺，有了燈光，我就安心地入睡了。

很久以後，我聽到母親稱讚我小時候可以一個人睡在樓上，是個獨立堅強的孩子時，我冷笑一聲回答說：「那是因為你不知道我哭了多少個夜晚。」

再後來又過好一段時間，母親開始抱怨我對她態度疏離，連碰一下都不讓。我當時什麼都沒有說，也懶得去跟她說。我曾經多麼羨慕小我兩歲的弟弟，每晚可以抱著母親的脖子，甜甜地進入夢鄉，然而弟弟出生後，我連被母親抱起的回憶都沒有，她甚至無視我的哀求，讓我一個去面對那個年紀不該面對的恐懼，是她在我最需要她的時候把我推開，就別怪責我長大後不再需要她。

母親的做法，讓我到了十四、五歲就很獨立，並有了自己的一套價值觀與想法，與本來就不太親密的弟弟，更加漸行漸遠。從弟弟完成學業踏入社會後，我們除了坐在一起吃飯時會見到對方，偶爾說幾句話，其餘的時間，我與他完全沒有交集，我們甚至不知道對方的手機號碼。但一切我都看作是關係疏離，從沒有覺得不妥。直到某天晚上突如其來的一聲響，讓本來就苦悶的家陷入更苦的泥沼。

　　我們住的家，房間都是用木板間隔出來的，那天晚飯過後，父母親在沙發上看電視，而我在看電腦。我睡的房間非常窄小，身後 20 厘米左右，就是被當作牆的木板。正當我專心地看著電視劇時，身後的木板被重重地打了一拳，「砰！」一聲讓我差點跳了起來，我馬上探頭出去看看，只見父母親也正瞪大眼睛，非常震驚地看著拳頭發紅的弟弟。我忘了多久沒有認真地看過他，那晚他反常的行為讓我不得不專注地看著他，那時我才發現，他的眼神變了，變得非常狂亂兇狠，似乎遭遇過讓人異常激憤事情。那晚我們震驚之餘，也被弟弟滿身的兇狠味給嚇倒了。我們誰都沒說話，也不敢問弟弟怎麼回事，而弟弟揮完了拳，就臉無表情地回到房間，整晚都沒有做出什麼其他事情，我們以為這樣就過去了。

　　但這原來這只是個序幕。

　　從那天起，我發現弟弟的身上時常飄散著濃烈的煙味，母親為此質問了他好幾次，起初他不肯承認，只是說同事們在他身旁吸煙，他沾到氣味而已。但沾到二手煙的味怎麼可能每天都有？又怎麼可能如此濃烈？！兩、三米距離都可以聞到？！繞不過母親的多番追問，弟弟最終也得承認他染上了煙癮。這讓我們感到非常難過，因為家中的人，包括親戚都沒有吸煙。但他已是成年人，我們阻止不了只好無奈接受。除此之外，我發現弟弟的作息變得非常的沒規律，他本來有份不錯的工作，

然而他經常遲到早退，偶爾興起就打電話說身體不舒服不去上班，然後留在家裏睡一整天，要不然就是玩遊戲，玩到連飯都不吃。有時看他大早出去，到凌晨才回來，也不知道是不是去工作。母親問他一句，他竟一拳打到桌上，大吼道：「關你什麼事？！」

自那天後，他的脾氣變得愈發暴躁，他總是無緣無故對我們發脾氣，有人打電話找他，父親就是遞給他聽，他二話不說便把電話砸碎。他還經常一個人自言自語，說的都是誰對不起他，誰做了錯事，他日一定要報仇。態度也愈發狂妄，總是說自己是世上難得的人材，還經常諷刺我們愚蠢，做什麼事都錯，揚言自己被億萬富豪的女兒追求，日後飛黃騰達，一定連後眼都不會看我們。唯一讓他態度變好的，就是向母親「借」錢，試過有次凌晨回家，叫醒母親要錢，說日後一定十倍還回來，然而六年過去了，他住進了精神病院，期間也有買過一些零食什麼的回來，但那些借去的錢，一分都沒還過。

最讓我們終日惶恐的是，他似乎有被害妄想症。他總是疑神疑鬼，說有人動他房間的東西，還有人偷窺他睡覺洗澡。他說洗髮水是臭的，沐浴露是臭的，連護膚品那種輕微的香味他都說臭。他說我們買這些東西就是故意要刺激他不太好的嗅覺，甚至說母親在飯菜裏下了毒，因為他嗅到殺蟲劑的味道。某個冬天的晚上，他在洗澡，我與母親坐在沙發上說話，他突然從浴室衝出來，什麼也沒說就用力踢了一下飯桌，再大聲質問：「誰把热水器給關了？！」

我與母親都沒有做過，當然不承認，他竟然不分清紅皂白地往我臉上打了一拳，正好打到我的耳朵上，我的聽力頓時變模糊了，但我知道這只是一時，並沒有什麼大礙。看著他狂暴的態度，母親慌了，立刻打電話報警。警察先是安排我到醫院作個簡單的驗傷，拿了驗傷報告後，便把他帶去了警署。那個

晚上，我本來打算警察過來調停一下便好，不要把事情弄大。但最後我實在是忍無可忍，決定讓警察拘留他，我希望這個教訓能讓他收斂點。然而我錯了，他不僅不知道收斂，反而變本加厲。從過去對我們的狂妄自大，冷嘲熱諷，變得動不動就以暴力言語威脅。

不知道他從何時開始，喜歡外出不帶鑰匙，他還要求我們離開家時不可以上鎖，免得他回家時家中沒人進不了門。在我看來這是非常不合理並變態的要求。正常情況下，把門戶關好是保護家園與財產的最基本的手段，他竟然要我們遷就他這個不帶鑰匙的習慣？這是何等的瘋狂？據父親說某天他下樓去買報紙，回家後發現家中沒人只有兩隻小狗，木門沒關，只是關了鐵閘，而那鐵閘沒有上鎖，外面的人一拉就可以進屋，父親被嚇得一身冷汗。還有一次，父母都不在，只有我和他，他在外出前冷冷地說一句：「不准鎖門！」

我當時氣到快飆火了！

「不可能！」

他的臉頓時變得像要殺人般兇狠。

「你敢！？」

「我就敢！你要打我現在就來，打得狠點！我受傷重一點，才更有理由把你關進監獄！」

其實我非常害怕，但我不管了，與其天天活在他的暴力威脅下，倒不如來個痛快！

他眼神動了一下，似乎為我這不怕他的態度感到驚訝。他再次威脅。

「你試試看！看我怎麼對付你！」

我再次回擊：「反正門我必須上鎖，你不帶鑰匙是你的事，我就看看你要怎麼對付我！」

他見威脅不到我，狠狠地拍了一下桌子，把鑰匙放進背包

便離開了，出門時還重重地把門關上。

　　這是他進入精神病院前我與他最一次對話。

　　可能會有人問，為什麼不早點把他送進去？其實從他變得異常後的 6、7 年間，我們至少四次向社工求助。然而他非常的狡猾，在家人面前狂暴，但在社工面前，卻平和有禮，還非常誠懇地承認自己對家人態度惡劣。這讓社工覺得他沒有任何精神方面的問題，只是脾氣不好而已。而他也曾有一段短時間搬到外面去住，家中平靜了好一陣了。可是某天他突然回來，帶著一身的債，最後還申請了破產！最後父親把他發狂的情形偷偷用手機拍了下來，再次給社工看。社工看後終於答應幫忙轉介到精神科。

　　2015 年，我在回家的路上，突然收到母親的電話。她說下午精神病院來了一位護士和一位精神科醫生，他們合力勸服了弟弟到精神科接受治療。聽到消息後，我也不知該高興還是難過。我的確我對他沒有多少感情，但即使以一個旁觀者的身分，眼睜睜地看著一個人，從本來的溫馴乖巧，變到最後要入住精神病院，心中還是萬分唏噓。而當中他經歷過什麼，遇到過一些什麼人，也許我這輩子都不會知道。我也只能感歎命運，生於這種家庭，有這種不稱職的父母，在他們的折磨下成長，我們都很痛苦，最後我們走向了不同的路，我極力壓住自己，不讓自己走歪，而他卻放任自己在痛苦中沉淪，走向瘋癲。

　　不知不覺踏入了 2022 年了，說起來從 2020 年的下半年開始，我就再沒有見過弟弟回家了。在這之前，他偶爾也會回來一下，但我都躲在房間裏直到他離開才出來。我曾與他的社工詳聊過。我記得社工問我，想不想他回家。我說完全不想，但這裏是他的家，如果他要回來，我是不會阻止的。我告訴社工，他帶給我的恐懼太深了，自 2015 年他離家進入精神院已經快 7 年了，我半夜聽到鄰居的開門聲仍會害怕。我以為他又要回來，

又要半夜來鬧個雞犬不寧了！我很直白地對社工說，他可以回來，但我永遠都不想再見到他。也許社工把我的話透露了給他，以致一年多的時間他都沒有回家，也不給母親打電話。

現在我能做的，就只是在心裏祈求他能清醒過來，能好好工作，珍惜社會給他的每個機會。如果問若我有足夠能力，會給他提供幫助嗎？一定不會！骨肉同胞只是代表我與他有相同的父母相同的基因而已。而感情是靠積累與培養的。如果血統就等於情感，就不會出現那麼多兄弟相殘，父子反目的事情了。我的弟弟雖有狂躁問題，可他並非神智不清，在他一拳打向我的臉，張口閉口就是暴力語言時，又可曾想過我是世上唯一一個與他血統完全相同的人？莊子說，未經他人苦，莫勸他人善。那些想規觀的聖母們就省點力氣，你是你，我是我，不要把你的標準架到我身上。

所謂親戚，
只是被血鎖鏈栓在一起的陌生人

好幾年前，我在一套電視劇的留言中看到這樣一句話：

每個家庭都會有幾個欠打的親戚。

這句留這真是一針見血！

其實這是一套大熱的電視劇，劇中描述家中親戚與鄰里的部分非常寫實，我相信很多家庭都會有這樣的長輩：女主的大姨看不起女主，也看不起女主的家人，總是把自己的孩子捧到非常高，時時刻刻都等著看女主出醜，有什麼事都推給女主一家，家中的老人不去照顧，但有便宜可以佔的時候總是第一跳出來。

而我家中就正有好這樣的親戚，看不起我們一家的，是我的阿姨。家中老人從來不去照顧，但所有便宜都佔盡的，就是我的舅舅。

聽母親說，阿姨學生時期學習成績非常好，家裏的人都認為，她將來一定可以考上名牌大學，成為大企業的管理人員。然而世事難料。因為政治因素，阿姨的學業被逼中斷，最終只能成為普通的婦女，雖然也有工作，但卻與小時候的預期相差甚遠。

說句公道話，我小時候，阿姨對我們一家也有過不少照顧。但不知道為什麼，即使她沒有對我惡言相向，但我卻覺得有她在的時候，空氣會變得很冷。每次看到她給我們買的衣服與零食，我都有一種難以言語的不安感，我覺得她的一雙眼不是看

著我，而是睥睨著我。大概在我 14 歲的時候，政府出了個新政策，就是香港永久居民在內地的配偶與子女都可以到香港定居。因為那條政策，我們一家都拿到了香港的身分證。但我正式到香港居住時已經 18 歲了。到香港定居的初期，因為人生路不熟，所以很多事情都要求助於在香港定居多年的阿姨。

　　某天，我與阿姨一起上街，出發前她吩咐我不要隨便告訴別人我是新來港人士，她的話我認同，因為我自己也害怕，若說出自己新移民的身分，香港人會不會有所顧忌或歧視呢？所以不用她說，我也不會隨便向不熟悉的人說我新移民的身分。可有趣的是，與阿姨走到街上時，遇到了一名街坊，她竟對那位街坊說：「這是我的姨甥女，剛從大陸到香港。」

　　我非常愕然，明明十分鐘前才叫我不要亂說，現在反倒是她先說了。那位街坊的反應我已經顧不上了，滿腦子就在想為何阿姨要這樣做。再到後來，一件小事讓我終於明白了阿姨的真實想法。

　　我從小字寫得不錯，功課、作文都會因此而加分，也經常被貼到公告板上，甚至試過參加展覽。但對此我向來都不以為然，因為寫字好看的人實在太多了，之前被拿去參加展覽的事，是老師的決定，我之前毫不知情，當在展覽會上看到自己寫的字時，心情實在是無比尷尬，暗忖這種水平真的達到參展的標準嗎？我自問也從沒有在長輩面前炫耀，若是要比較，我覺得兩位表姐寫的字比我的不知漂亮多少倍。但這卻成了阿姨心中的一根刺。

　　不知道從什麼時候開始，每次見面或是通電話時，她都對我說最近見過誰誰，認識了誰誰，然後總是加一句，我見過他們的字，寫得比你的漂亮。字寫得比我的漂亮有什麼奇怪的？我開始也沒有多想。可當我一直聽到這樣的話時，我便知道不妥了。就是那麼一瞬間，我明白了一切。包括小時候為什麼總

覺得阿姨在睥睨著我，為什麼看著她買的衣服與零食會覺得不踏實。那是因為她的這些照顧與幫助都只是施捨。

阿姨大概從小時便有這種心態了。母親不是外祖父與外祖母想要的孩子，從來都把她當女傭使喚，但阿姨與舅舅卻深受寵愛，再加上阿姨是優等生，這更讓她打從心裏看不起我們一家。她給我們買衣服零食，還為我付過學費，其實都是以施捨的心態，是上等人給乞丐的施捨。她急著對街坊說我是新移民，是希望拉開身分的差距，她是香港人，而我是鄉下人。但她何嘗不是從大陸到香港定居？只是定居的時間比我長而已。

我曾聽母親說過，香港澳門曾有一段時間為了增加勞動力，開放讓內地人到香港澳門打工的申請。那時外祖母與阿姨都申請了，母親本來也想申請，但外祖父卻不打算申請，他說自己年紀漸大，如果全都去了外地，他由誰來照顧？於是母親放棄了這個機會，留下來照顧外祖父。小時候偶爾也會聽到母親抱怨，倘若當初申請去了，那麼我與弟弟都在香港出生了。所以阿姨的出身與我有什麼不同？

也許從小就受到寵愛，佔盡了優勢，阿姨可能連自己都沒意識到她看不起我們一家。她只知道我們不可能有比她優勝的地方。因此當有人在她面前稱讚我寫的字好看時，她不能接受。所以才會強調誰誰誰寫的字比我好，她想拿回她在我面前的驕傲，這絕不是我武斷！對比起母親，阿姨什麼時候說過舅舅？兩位表姐比阿姨的女兒高，比阿姨的女兒漂亮，寫的字比我的還要漂亮，阿姨什麼時候跟她們說誰誰的字比她們的好看？說白了，阿姨這樣對我們這樣，完全是因為她認為我們一家是一無是處的，她站在我們跟前格外有優越感。假若我們有什麼不滿，她大不了決裂，沒什麼可惜的。如果再見到她，我還真想問問她，就當我們一家是一堆垃圾好了，你比我們這堆垃圾優秀，又有什麼值得驕傲的？

隨著阿姨與母親關係的惡化，至今也有 10 年沒有與阿姨聯繫過了。說真的，這一輩子，我都不希望我們會再見，大概 7，8 年前，表妹邀請過我去她的婚禮，被我很不客氣地拒絕了。我記得她說，人的一生中重要的人沒幾個，我們都是親人，為什麼不去她的婚禮？我直接地回答她，若不是結婚，你會聯絡我嗎？若不是母親告訴你，你連我的手機號都不知道，我與你是血統上有關聯，但有多親你心知肚明了！空有親人的名義，卻沒半分親情，又何必強留著這種關係，當個有血緣的陌生人反倒更自在。

　　阿姨算是我接觸最多的親戚，家族中的其他成員，在母親的主導下，我與他們的接觸都非常的少。尤其是父親那邊的親戚。由於外祖母與母親對父親以及父親的家人都有很深的怨恨，所以從小我便從她們口中聽到祖母與各位叔叔，姑姑的不是。雖然，母親與外祖母口中的他們一直是劣跡斑斑，但幸好我沒有承傳母親的怨恨，但對他們還是有所顧忌。

　　姑姑的兒子與我是同一所小學的學生，但我們互相都不來往，小息期間碰見也當作沒有看見。上學放學無數次經過祖母與姑姑的家，我都不曾停留過，也不曾跟他們打過招呼。直至我到初中一年級，我與姑姑的一家有了較多的接觸，我記得那年整個暑假，我與弟弟都住在姑姑家裏。這讓我有了全新的認知，也對母親的性格脾氣感到非常無奈。

　　在母親口中，姑姑與姑丈都是自私自利，心腸狡猾的劣質人。可那個暑假，我看到的姑姑的一家都非常隨和。我的姑丈是個很聰明的人，他寫得一手好看的毛筆字，並且在一些大型比賽中獲過獎。他還懂得刻圖章、畫畫、拉二胡與小提琴、木工以及制作各種小手工藝，而且全是無師自通的。我的表弟，也遺傳了他的聰明，學習成績特別的好，而且學任何事情都特別地快。印象最深的是，某次他在玩電子遊戲，還邀請我與他

一起玩，可我對這電子遊戲真的一竅不通，所以沒有答應。讓我想不到的是，他不像其他男孩，不但不會叫我一起玩，還嫌我在一邊會煩到他。表弟鼓勵我說道：「就是因為不懂才要玩一下，否則永遠都不懂。」我當時很驚訝，那時的表弟就是小學五年級的年紀，卻遠比我的弟弟懂事。還有一次讓我更感意外，某天姑姑帶我和弟弟去唱卡拉 OK，那裏還有一個大舞池，我那時只是初中生，壓根沒有想過去跳舞，但沒想到表弟竟走過來說：「我們也去玩玩如何？」我呆了幾秒，我驚訝的不是他請我去跳舞，而是他眼中那份善意。從小到大，我都沒有異性緣，無論是男同學或是弟弟，都是嘴賤地嘲弄我，這是第一次從男生那裏得到善意與尊重，我不知所措的同時，還有一點點的內疚。小學五年級以前，我與他都在同一所學校讀書，可因為長年受母親的影響，在學校遇到這位小表弟，我都沒敢打一次招呼。那天我才知道，也許我錯過了一位很好的玩伴。

我的姑姑，在母親口中是個極討人厭的自私女人，可到我接觸到的姑姑，從沒有讓我感覺不自在，反倒讓我感受到在母親那裏感受不到的溫柔與生活的色彩。

姑姑家的氣氛一直非常和諧，我從沒有聽見她與姑丈有任何爭吵，就連一點點意見不合都沒有，姑姑自己經營一家小型的美容店，不管做髮型或是面部護理都是她一個人，她還要兼顧家務。但我從沒有見過她邊做家務邊抱怨辛苦，也不知道是巧合還是她真的知道，她做的每頓飯菜，幾乎都有我喜歡的雞蛋。不用工作的時候，姑姑會帶我和弟弟到西餐廳吃飯，又會跟我們到附近的公園玩羽毛球，還給我們安排一、兩天的短途旅遊，每次出行，姑姑都會給我們一個紅包，祝願我們平安出行平安歸來。我人生第一次看海，便是姑姑安排的。

相比我生長的家庭，週末假日是完全沒有家庭活動的。記憶中就是那麼一次，1991 年的大年初一，全家人去公園看年

花。我還記得那次拍了許多照片，當時還是用菲林的年代。當我滿心期待地到照相館領取洗出來的照片時，沒想到照相館還給我一個紙袋，上面寫著：菲林曝光，沒法沖洗。

或許是天意吧，四位不合適的人硬湊成一個家，因而連一張全家福都不配擁有。

我與姑姑一家的緣分，就停留在那年的暑假，在那以後至今，我就再沒有與姑姑接觸了。這被母親說得一文不值的一家，為我灰色的生活增添了彩色，但讓我母親驕傲的娘家，卻給了我許多痛苦。外祖母的重男輕女，阿姨的鄙夷，還有舅舅一家。

舅舅是一分錢都會計較的人，每次見他，都免不了談到錢。我的舅母是商業學校的校長，但從事教育的她，卻很喜歡嘲笑我，說我越長越醜，說我沒有儀態。還有那個被她寵到目中無人的二表姐，總是把我當成她的捉弄對象。我記得最可怕的一次，是在游泳池中，那時我正套著救生圈學游泳，她突然游過來質問我道：「是不是你掐我？！」

我真是莫名其妙，我都沒有碰過人，怎麼可能用手指掐她？

「沒有呀。」

但她根本沒有去求證，就惡狠狠地說道：「一定是你！」

然後一手把我的頭按到水裏！因為猝不及防，我嗆了一口水，但讓我屈委的不是嗆水，而是她那種不可以理喻的態度，還有那股把我按進水中的狠勁，好像真的要把我殺死一般。雖然長大後，她的態度大有改善，可我每回見她都是心有餘悸，對她完全喜歡不起來。

現在，到香港定居也 20 多年了。20 多年來，除了父母偶爾與舅舅通電話以外，我個人與舅舅一家完全沒有任何交集的。某年，母親與父親去了舅舅家。母親回來後跟我說，舅母叫我有空回去玩玩。我聽了不禁冷笑，回去？我一定不會，但若有

什麼特別原因讓我必須回去，那麼我就不客氣了，我一定會在她的寶貝外孫面前好好回憶一下她那寶貝女兒的惡劣行為。這時候，聖母們一定會說：「都是陳年舊事了，做人何不有點量度呢？」

如果是從前，我一定反駁我是別人的孩子，你當然不心疼，換著你的孩子被欺負，你會不會也當作沒事發生？但現在我真的不想去跟任何人爭論家庭倫理方面的事情，因為每個人的成長環境不一樣，看法也不可能一致。但請別輕易判定我所受過的苦，尤其當你沒法感同身受時，就別多加意見，就當作看鬧劇，一笑帶過吧。而我是永遠當不了聖母的！我可以不見他們，不去想報復，不去主動挑起任何陳年是非。但要我把過去長時間受過的種種傷害當作從沒有發生，我是沒法做得到的。

對我來說，親戚是與「負能量」劃上等號的，所謂親戚，只是一群被一條無形的血鎖鏈栓在一起的人。就好比大家進了同一家公司，進同一所學校，有了相遇的契機，但能否成為好朋友好同事，這就另作別論了。而血緣不過是因繁衍與婚姻產生的紐帶而已。有了這樣的紐帶大家就一定相親相愛，相互之間毫無隔閡了嗎？雖然千百年來我們所接受的教育都是家和萬事興，但千百年來多少事實告訴我們，在人性面前，在利益面前，這條血鎖鏈算是什麼？小則，就如我的那群親戚，沒事取笑一下，作弄一下，以此抬高自己，為自己製造樂趣，再輕描淡寫地說道，不過說說笑而已，幹嗎如此小器呢？大則，就是為了利益而互相傷害，對簿公堂。只要與利益扯上，這條血鎖鏈就會分崩離析，再也不剩半點親情。我不是要一根竹子打死整船人，但誰都不能否定這些現象都是普遍存在不屬於少數的。如果你說不是，你是生長於一個和諧的家族，那就好好珍惜所擁有的一切吧。而我，就只能被栓在這條散發著腥臭的血鎖鏈上，想要斬斷，卻又不可能完全斬斷。

那些難過的校園事

記得臨近小學畢業的某天，班主任在班會中大發脾氣。細節我記得不太清楚了，只記得是為班級給學校送畢業禮物的事情。站在講台上的老師非常生氣地說道：「六年了！難道你們都沒有一點感情的嗎？」我心裏想：六年？我只有兩年而已，再說強要回來的禮物，有什麼意義？這件事最後怎麼解決我不知道，我看到的是在畢業典禮上，我們班為學校準備的禮物是一幅很大的山水畫，但在進行頒贈儀式前，另一位老師竟把玻璃面打碎了！因而在頒贈儀式上，全校師生都看著班代表把一幅中間有著一條大裂痕的山水畫交給校長，並且按慣例拍照留念。我在台下看著，差點要笑了出聲來，現在回想起，那也許是我求學生涯中最愉快的一刻了。除此以外，我的校園生活就只是一個「澀」字，就跟在父母的折磨下成長一樣，是一段不堪回首的記憶。

我沒有進過幼稚園，但讀了兩年學前班，然後正式進開始我的小學生涯。那時候的我，是個成績不錯，乖巧聽話的學生，但我萬萬沒想到，乖巧聽話是一種錯誤。至今還很記得老師在講台上以一種看似很仁慈的語氣說道：「為了讓較差的同學有更大的進步，我會讓一些成績好的同學與他們同桌。」然後不幸地，我是她口中說的成績好的同學，更不幸地，我被安排與班中最搗蛋，最蠻橫的男同學同桌。

我真的沒法理解老師怎麼可以想出這種方法。

教育頑劣學生是老師與家長的責任吧？怎麼要一個同齡的孩子去分擔？然後，好孩子影響頑劣的孩子，在理論上或許成

立，但有個重要的前提是兩位孩子都要有一定的認知。我們當時還只是 6、7 歲的孩童，老師怎麼可以指望一位 6、7 歲的孩子懂得去引導同學，而另一位 6、7 歲的孩子知道去改正？再說，我與同桌那位男同學，只在上課時才會坐在一起，其餘時間，從課間小息（我還恨不得他快點離開坐位）到課外時間都是各有各過，又有多少時間可以影響到對方？？ 這樣做的結果是他的成績沒有進步，我卻一直遭受欺負。嘲弄、扯頭髮、文具被毀、過了三八線被打……這樣的景況成了我小學的日常。被人欺負我當然有向老師反映，可是你認為有用嗎？

校園霸凌這回事，不管是比我更早的年代，或是 21 世紀的今天，都沒有消失過。校園已算是最好管束的一個地方了，但這種事情怎麼自過去到現在都不曾消失，這當中有很多原因，但我個人認為，最大的原因就是校方與老師從沒有認真去管！也許我這個說法有些偏面，但至少我的經歷是這樣。當我受到了欺負，向老師求助時，老師的回答總是：「他調皮，你不理他就是了。」

不理他？是他扯我的頭髮我不能叫一聲痛？是他扔掉我的橡皮要當作什麼都沒發生過？還是他一直喊一些侮辱性的綽號我選擇性的聽不見？？不理他這種事情他就不做了？輕飄飄的幾個字，讓受欺壓的人繼續受欺壓，讓頑劣的學生繼續頑劣。什麼作育英材，人生導師，全部都只是嘴上說說！對很多老師來說，「老師」只是一個工作崗位，教了該教的書，拿了該拿的薪水，只要被欺負的不是自己的孩子，就一概不管了。不但如此，這位當了我三年班主任的老師，還在我心中烙下了另一件事，一件我一輩子都感到後悔的事。

沒記錯的話，應該是三年級的時候，某天早上，母親給了我一些錢讓我給自己和弟弟買早餐。我本來是想著第一節課下課後就去學校的小賣部買，誰知道去了一趟洗手間回來後，書

包的錢已不翼而飛了！那天早上我和弟弟都沒有吃早餐。

母親知道了非常生氣，她不相信這些錢是被別人偷去，她覺得是我自私把弟弟的那份也吃了。她還生氣到跑到學校告訴老師，要求老師教育我。結果一連三天，每天第一節語文課，老師不上課，把我叫到講台上當著所有的同學審問我到底有沒有把錢私吞了。嚴格來說，不是問我，而是要我承認是我把錢給私吞了。我還很記得那看似非常開明的話：「不要緊的，知錯能改，只要你認錯，我們就原諒你。」但我真的沒有私吞呀！所以第一天、第二天我都否認。但到了第三天我覺得實在丟臉，那時我不過 9 歲，天天被同學這樣盯著，真的很想找個洞躲起來。母親與老師堅決不相信錢被別人偷去，那我就不如認了吧，至少不用天天被當動物園的猴子來看！於是我做了這一生中最後悔的一件事，承認了一件我根本沒有做的壞事。老師就一副「看吧，我就知道我沒錯」的樣子，以一種外人聽來非常平和的語氣問道：「那你買了什麼？」說實在的，我都忘了自己說了什麼，反正就是胡亂說一通，老師也如她說的，知錯能改，善莫大焉，她並沒大聲責備我，事後也不有再提及此事。至於同學，我反倒沒有聽到什麼聲音。

但諷刺的是，就在我承認的當天回到家中，母親竟然突然輕聲細語地問：「你的錢真的是被人偷了？你沒有私吞那些錢？」我呆了幾秒，隨後反問了一句：「你現在才相信？！」那時即便我只有 9 歲，但已很瞭解母親的脾性，她是絕不會承認自己有錯的，她這種態度已算是認錯，所以就算感覺再怎麼委屈，也不敢去個公道。因為這麼做，等到的不是道歉，而是一場更可怕的責罵，我寧願一個人躲在樹下哭，哭到我覺得夠為止，也不去妄想得到母親的一句道歉。

那天過後，我以為事情已結束。沒想到又一個峰迴路轉！升上四年級後不久，一次早會上校長公開批評批了幾名特別頑

劣的學生，還陳述了他們做過的壞事，包括欺壓同學及偷錢。我當時不以為然。早會結束回到教室後，老師再次提起早會的事情，並且補充了一些細節，某某偷某某的錢……我頓時瞪大了眼睛！那被偷錢的人就是我！那時年紀小，不知道怎麼去形容當時的感受。現在才知道，那是五味雜陳。我有一種冤屈終被洗清的感覺，同時我也很想知道老師到底怎麼想？當時與母親一口咬定我私吞，現在證實我沒有，不知道她會否有感到內疚，會否想過跟我道歉？不過我知道這是不可能的，尊嚴大於一切，老師與母親只會當作什麼事都沒發過，認錯？道歉？做夢都不要想。她們不肯認錯，我也不強求。我難過的也不是因為她們不道歉。而是我承認了這件我沒有做過的事，給自己塗上了一個大污點！即使最後被證實清白，但幾十年過去了，我還是抹不掉心中的悔痛。

　　四年級的暑假，父親終於在市區買了房子，一家人搬到了市區去住，而我和弟弟也跟著轉校了。

　　到了新學校，我們班都是獨立座位，我不用再為與誰同桌而害怕，但還是逃不了被同學改綽號的命，那時人漸漸長大，懂得了反抗，我與班中的男生簡直是勢成水火。到後來才明白，那些男生就是要你憤怒，你愈是憤怒，他們愈是高興。這讓我由開始的強烈反駁到不再反抗，最後變得極度苦悶。至於老師，還是一貫的叫受罪的人忍忍，讓作惡的人快樂作惡。

　　在這所學校，同樣發生過一件讓我相當無語的事。

　　話說六年級某天，我早上回到學校，竟發現學校多一個校刊編輯部。明明昨天這課室還是空空的，一個晚上就多了一個編輯部，再細看一下牆上的工作人員，我差點笑了出來。那些所謂的記者，編輯，總編都是一、二年級的學生，一年級的學生可以當編輯？我還真是不解。我還注意到門口掛著一個沒有上鎖的投稿箱，於是好奇地揭開來，翻看了一下裏面的稿件，

這些所謂稿件的內容完全一模一樣，連標點符號都一樣，只是筆跡不相同而已。後來從另一個班的同學口中得知，一夜間多了個編輯部，是因為將會有市政的官員到學校來參觀，而投稿箱中的投稿，則是老師叫幾位同學抄了篇文章來做樣子的。唉……我該說什麼呢？

其實這種事我不是第一回遇到，我試過與同學扮作運動員，參加市運動會的閉幕式。也試過扮作讀者，讓記者報導社區的人很喜歡閱讀。過去年紀小，不知道有什麼問題。但看著這一夜間變出來的編輯部，我真想問問老師，這樣教學生作假是你們老師該做的嗎？常言道老師是人類靈魂的工程師，但這樣的學校，這樣的老師，會給學生塑造出怎樣的靈魂？幸好我一向有自己的判斷，從不曾被他們這樣的操作污染到靈魂。

做第二輪心理治療的時候，我跟社工說我是個很平庸的人，但有一件事讓我感到非常驕傲，就是我一直很清醒。知道是非曲直，知道那些事情該信，那些不該信，也知道自己應該堅守什麼。所以，即便成長在烏煙瘴氣的環境，我對真相與虛假的分辨能力都沒有失去，我的價值觀也沒有被這些其身不正的師長們扭曲。

小學五年級開始，我的身材開始變肥，尤其是胸部，發育過分良好又不知道如何穿內衣，到了 13、4 歲的年紀，身材看上像正在哺乳的母親。很多漂亮的衣服都穿不下。回到學校，當然免不了被男同學嘲笑。但那時我對自己的身材不太在意，完全是沒心沒肺的地步。被人取笑的確不好受，但很快便過去了。最讓我焦頭爛額的，是愈來愈差的數學成績。因此，初中學業後，我沒能如母親希望的，繼續升讀高中，再進入大學學習，而是陰差陽錯地進入了一所專科學校。

在那所學校，我學習的是微積分、程式編寫、電壓電路等，全都是我不擅長的科目，每一科都學得非常吃力。我入學不久，

便因父親的關係拿到了香港身分證，母親非常雀躍，而我卻不知道暗地裏哭了多少回。我是看香港電視長大的人，過去港台製作的《鏗鏘集》，TVB 的《新聞透視》、《星期 X 檔案》都是伴隨我成長的節目，透過這些節目我對香港社會多少有些了解。我深知這樣的學歷與出身，在香港生活肯定是艱難重重，後來事實也的確如此。而我人生中另一件特別後悔的事情，就是為了那麼點自尊，當有人問我學歷時，我說我念過大學。往後很多年，為了這個謊言，我閱讀了大量書籍，並且一直保持閱讀這個習慣，藉此補充知識的不足。

在專校我也是一樣被男同學排擠得非常厲害。從前年少懵懂，不太知道自己的身材，但到了 15、6 歲，才知道自己的身材非常難看。自卑心理也日益加深。

更可悲的是，當時與我聊得來的幾位女同學，都特別受男同學歡迎。今天有人托我轉交情信，明天又有人托我轉交禮物。而我呢，也收過不少卡片，但打開一看，全都寫著「死肥妹」，「收皮啦」，「胸大無腦」……總之受到的對待，與我那幾位女同學是天壤之別。我記得某年，班主任心血來潮，竟安排男女同學同桌坐，被安排與我同桌的那位男生在自修課上對我破口大罵，叫我回去照照鏡子。我不明白這是老師的安排，怎麼受傷的是我？

畢業後的前幾年時間，我極力希望可以留住幾位求學期認識的朋友。無奈大家分別居住不同的地方，情感日漸疏離，通電話時沒聊幾句便掛線了。又過了一段時間，幾位朋友都找到了另一半組織家庭，即使我特意回去看望她們，她們都沒有時間應付我。從那時候開始，我的心就真的只剩下苦澀與無盡的孤獨了。

好幾年後，我斷斷續續地收一些她們的信息，本來也十分高興，但時間久了才明白，她們在遇到心煩事時才會找我。作

為朋友，我本也非常樂意傾聽她們的心事，但我卻不想她們開心時不記得我，苦悶時才來找我，我希望我們是朋友，而不是只當她們情緒的垃圾桶。最後我把她們的電話全部都刪去，並且告訴自己，沒必要再用自己的熱臉去貼她們的冷屁股。

多年後，微信出現了。我收到不少舊同學發來信息要求加好友，其中有幾位是曾經欺負我的同學，還很熱絡地說：嘿！老朋友，好久不見了！真不知道他們是怎樣打聽到我的。但我什麼都沒問，只是動了動手指，把他們全部拉進了黑名單，雖然我覺得自己有點絕情，但我完全不後悔這麼做。我把這件事在心理治療時告訴了社工。他問我為什麼要這樣做，其實我也不太清楚，我只知道當我想起他們，內心會湧現出一股難以形容的痛。因此，我一位舊同學都不想再見到，一點都不想與他們敘舊，什麼花樣年華，青蔥歲月，都注定與我無緣。

我很怕有人說要原諒才能快樂這類鬼話。因為不原諒也不代表我為了他們時刻沉浸在恨意當中吧？雖然想起他們會傷感，但真的沒有恨，況且沒什麼事，我也不會去想起他們。這篇文章就是憶述與分享，其實把這些不快的回憶一次酣暢淋漓地說出來，何嘗不是一種療癒？

迂迴的求助路

　　2010 年底，因為申請進修的事失敗，我積壓的情緒大爆發了。

　　在這之前，我已經有好幾次相同的遭遇。新移民到香港定居，知道自己的英文水平不夠好，就去報了一個英文進修班，誰知因為收生不足而取消了。找到工作後，本來想去學一下會計，誰知道才學了一個月，老師不中途不教了，夜校只是退錢不打算重新開班，導致學了一半學不下去。後來因為有人送了我一把二手古箏，我本來就是十分喜歡古箏，於是在家附近的樂器行報了一個古箏班。本來學得好好的，誰知後來古箏班提早了上課時間，那個時間我還沒有下班，只好又一次放棄。

　　我參加的這些都是小機構辦的課程，其實我也很想去報一些較大規模的班，系統認真地學習。但是我實在沒有那麼多錢。那時的資薪只有 6000 元，但一個課程就可能超過 6000 元，交了強積金，給了家用，我就只剩 3000 元左右，除了必要的支出外，衣服鞋之類的東西完全不敢買，但再怎麼節儉錢都是所剩無幾。後來我工作算是穩定了，雖然資薪還是不高，但心想只要穩定，那麼貸款讀書也是可以的，但最後因為我沒有朋友，父母也都是退休人士，沒有人可以當我的擔保人，所以進修的計劃再告失敗。

　　我還記得當時我從長沙灣政府合署走出來後，站在大門前崩潰大哭！不過是想增值自己，為什麼對別人來說那麼容易，對我來說卻那麼難？溫暖的家庭、體面的工作、朋友、伴侶、實力我統統都沒有，現在想努力一把增加實力，上天都不給我

這機會，我對未來感到極度迷茫，我不知道我這種一無是處的人活在這世上是為了什麼？自殺的念頭也隨之萌生。那次之後，只要看到海，我就有一股想跳下去的衝動，也有想過把房間清空，找個沒有人的僻靜地方吞下一瓶安眠藥，不留下只字片言，就等那個經常叫我去死的母親什麼都不知道。想到她沒有人可以罵，我竟有一種報復的快感。我知道不能讓自己一直這樣下去，說不定什麼時候我就控制不了自己。於是，我決定尋求專業的幫助。

我先是打電話到幾家經常賣廣告的心理輔導機構，有的說社工太忙等回覆，最後沒有回覆，有的聊了幾句，對方似乎覺得我不需要輔導敷衍了幾句便掛線。後來我想到了一家曾去過的機構，於是又打電話去詢問，對方聽了我的情況後，說可以找專門負責精神健康的利民會。聽了她的話後，我就去找了利民會。利民會負責我的是一位馮姓女社工，初見她的時候，她給我的感覺十分冷漠，我完全感覺不到她想幫助我，可我那時真的急需要一位幫助我的專業社工，所以跟自己說別想太多，好好地與她配合就行。

馮社工第一次見面便建議我去看精神科醫生，還特意解釋這不是說我有精神病，而是想讓醫生給我處方血清素，她估計我因為長期處於不快樂的狀態，所以腦部不懂得製造血清素，可以服用一些血清素來補充一下。她表示會陪我一起去看醫生。在見醫生前，還安排我見精神科護士，給我做了個評估。我不知道那位護士或是馮社工寫了一份怎樣的報告給醫生。第一次會診等了兩個多小時，進去後醫生幾乎什麼都沒問，我還以為會做一下抑鬱症的測試，結果只問了一下睡眠如何，就處方了血清素給我，整個會診也不知道有沒有一分鐘。所以，我的確是想自殺，的確是很不快樂，但有沒有患上抑鬱症我不知道，因為那些醫生不屑為我做測試。

　　拿著藥回家時，我是滿心希望的，因為我實在太久沒有開心的感覺了，如果使用藥物能促進血清素的分泌，讓自己感到快樂，那真是又快又直接的方法。但沒想到的是，當我吃下第一顆血清素後，第二天便出現副作用了！本來十天後才來的月經，竟然在我吃藥後第二天就來了！也是那從那個時候開始，我本來每個月都是同一天來經的良好規律被打破，至今十幾年都有恢復過來。因為這樣的副作用，我便不敢吃第二顆了，同時也告訴了精神科護士副作用的事情，她推測我的身體太敏感了，才會出現這種事情，我當時又是一陣挫敗，怎麼連吃個藥都會出現麻煩？！

　　自那次後，精神科護士還見了我好幾回，我有點奇怪，不是說她們很忙的嗎？怎麼會有時間見我幾次？直到最後一次見我時，她告訴我，她主要的責任是勸我去看醫生，只要我願意去見醫生，她便不用再見我了。但她還是抽時間見了我幾回，是因為她覺得我實在太苦澀了，所以決定再陪我走一段。她建議我去看心理學家，她認為心理學家可以給我很大的幫助，讓我真正走出陰霾。見心理學家？這其實也是我向利民會求助的最終目的，而然馮社工自送我去見醫生後便沒有理會過我了，如果向她求助，她會幫我嗎？我對此很有保留。但私人心理咨詢的費用不是我這種庶民可以負擔的，求助於馮社工是我唯一可以做的了。

　　結果如我所料，馮社工在電話中跟我說，他們機構的心理學家辭了職，需要重新招聘，招聘到後會再通知我。她的話我連一個字都不相信。一家具規模的心理輔導機構，怎麼可能只有一名心理學家？再加上她那種冷漠的態度，從頭到尾我都不認為她有心幫我。剛好那段時間我因為一套電視劇，在劇論壇中認識到了一群不錯的網友，她們讓我心中的痛苦緩解了不少，自殺的念頭也沒有之前那麼強烈了，所以我也沒有去追問馮社

工，這件事也暫告一段落。

　　但網友始終是網友，她們都住在不同的地方，沒法陪伴在我身邊，也不可能在我需要的時候給予安慰。而我家還是沒有改變的吵鬧不休，衝突連連，每次都要到報警才能停止的地步。所以很快，我心裏那個熄滅了的炸彈又亮了起來。

　　這次我不再去找利民會，我向社會福利署的家庭輔導中心求助，這也是我曾求助過的機構。接見我的社工很快便答應幫我轉介心理學家，我清楚地記得她說的是「我們部門的心理學家」，她還說因為求助人數很多，上頭需要時間審批，所以至少要等 6 至 8 個星期，這點我當然明白，也非常耐心地等待著。誰知道我最後竟等了 4 個月，16 個星期！我非常生氣地致電給那位陳社工，她驚訝地說道：「他們沒有找你嗎？」我當時完全不明白她在說什麼，後來她解釋道她把我轉介到另一個機構，但沒想到那機構沒有聯絡我。她這樣的回答使我更生氣，我反問道她，你不是說聯繫你們部門的心理學家嗎？怎麼私自把我轉介到另一個機構？？也許她自知理虧，才一個上午的時間便為我聯絡到心理學家，她約我見面，並祝我見到心理學家後會像破繭而出的蝴蝶，有著全新的人生。她話說得好聽，但在我看來，這不過是為自己的錯作出的一點點補償而已，沒有半點真心，我隨便回了句謝謝便離開了。

　　我真的不明白為何會受到這樣的對待，是我表現得太冷靜太理智，思維太清晰，才讓她們覺得我並不是真的想死只是無病呻吟嗎？否則一個如此，兩個又如此，都不把我的求助放在眼內？

　　2013 年年底，我終於見到了心理學家。是一位身材不算高，長相非常溫柔的女士。我在她這那裏，進行了差不多 3 年的心理治療。這 3 年的時間裏，我在她的幫助下我想起了很多塵封了很久，久遠到連自己都忘記了的事情。自此我徹底明白，

為什麼我會活得如此不快樂，為什麼會活得那麼的卑微。我覺我塞滿垃圾的心被一點點地清理，當挖到最底部，把最惡臭最腐爛的部分都清理出來後，我的痛苦總算得到真正的緩解。做了 3 年左右的心理治療，2017 年年頭，我主動向心理學家提出不用再繼續了。

其實我很清楚，這並不是停止心理治療的時候，我知道了自己痛苦的原因，但我還沒有真正地治癒這些痛苦。我想了很久，為什麼要停止心理治療？我發現我很害怕心理學家先提出停止治療，那種感覺就像被信任的人拋棄一般，所以我要自己先提出。其次就是我怕對心理學家產生依賴，在她面前我覺得特別的安全平靜，我對這種感覺十分貪婪，但她不是我的朋友也不是我的家人，她是心理學家，她只是在工作，因此我必須阻止自己，不讓自己一直貪婪下去。第三點，就是我找不到突破口，把痛苦原因清理了，但下一步該做什麼，我一點頭緒都沒有，就是這幾點原因，我提出了停止治療。

2015 年，弟弟終於被送進了精神病院，本以為家裏的戾氣可以稍稍緩和。可弟弟不在，父母的爭吵依然激烈，尤其是母親，就像隨時可以噴發的火山，一事一物都可以挑動她的神經，她把自己鎖在狂暴的怒氣中，而我每天都過得如履薄冰。無奈之下，我向一所家庭調解中心求助，但母親的自我中心意識實在太強，她從來不覺得自己有錯，所以她只能接受別人站在她這邊為她說話，完全不能接受有人指出她的不是，一點點都不可以，調解員都被罵得灰溜溜，調解也只好終止。在這樣的氛圍下，我的情緒又一次大爆發！我真的想過把自己的品物清理乾淨後，一了百了算了。這樣的父母，這樣的家，無休無止的精神轟炸，我實在沒法待下去！但就在這個時候，我接到一個意想不到的電話。電話中是一把年輕男聲，他說他是利民會的社工，利民會？不是跟馮社工同一家嗎？就在不久前負責

母親的調解員知道了我又萌發輕生的念頭，她聯絡了馮社工。而馮社工又再聯絡了我。距離上次通話已經快三年了，我做夢都沒想到馮社工還記得我。她在電話裏說不好意思，當年沒法安排我見心理學家，我一聽到她的聲音便火冒三丈！我反駁說，不是沒法安排，是根本不會安排，我就不相信你們這種具規模的心理輔導機構只有一位心理學家！我告訴她我根本沒期望過她會幫我，她當年的冷漠態度讓我相當難受，最後我要求她把我所謂的會員籍取消，並且再三確認取消。所以這次收到利民會的電話我真的很意外，因為我已經不是會員了。

男士介紹他姓張，因為接手了一些舊檔案而知道我的存在，所以就來聯絡我。也不知道是天意，還是巧合，在我最需要心理輔導的時候，張社工出現了，於是我又成為了利民會的會員，又再次接受心理治療。

張社工的出現，對我來說真是一個很大很大的意外。因為在這之前至少十年的時間，我沒有接觸過任何 15 歲以上的異性，再加上過去總是被異性排擠的傷痛經驗，要我面對一位二十多歲的年輕男士，心裏有種說不出的怪異感。但我很快便想通了，我想被治癒，我想我的心裏充滿了陽光，面對年輕男性的話應該更能促使我克服心理障礙，這是一件好事。但雖說我想通了，第一次見他的時候，我還是如坐針氈。在第三次見他的時候，才開始適應。就這樣，我又進行了近 3 年的心理治療，前後 6 年的時間我終於一點點地走出了陰霾。

在結束了心理治療後，我開始思索將來的人生，我想雖然我沒有學習任何有關輔導或心理學的知識，但我的經驗可以公開與別人分享，與我有相同經歷的人看到我的分享後，或許會感覺沒那麼孤單，也希望身邊有我這種朋友的人更加明白如何去理解，如何去與我們這種人相處。經過那麼漫長的痛苦歲月，我真心希望世界可以少一些我這樣的人，又或者與我有相似經

歷的人，看了我的分享後，可以更快地快走出傷痛，我不知道我的話能起多大的作用，但我就是想分享，就算單純地當作宣洩也好，世上孤單的人那麼多，如果可以透過這種形式與大家相連，也算是多了群特別的朋友吧？

治癒前要問自己的幾個問題

▶ 你覺得心理學家是怎麼的角色？

在你們眼中，心理治療是怎麼一回事呢？

據我的經驗，心理治療就是一個不斷清理內心面對真正自我的過程。我不知道別人心理治療的過程是怎樣的。我呢，就是一直聊天，一直把心裏的話全部都告訴給心理學家或社工，而他們就是透過觀察我的言談與動作出判斷，若發現有心理上的問題，便會立刻指出。他們要做的不是安撫我們的痛苦，而是協助我們找出痛苦的根源，尋求糾正及面對的方法。

因此，若是把心理治療看作是一個可以根治痛苦的過程是不正確的。也許在心理學家面前把抑鬱說出來，痛苦可以得到某程度的緩解，但心理治療最重要的目的是找到痛苦的根源，就如同生理上的疾病，先找到病因，再由醫生開出治療方案。但心理病又與身體的疾病不同，身體的疾病，若是病情較重就要留院，在醫院裏接受醫護人員的照顧與監察。但心理上的疾病，不管怎麼重，99.99999% 的時間都是獨自面對的。因為見心理學家每個月可能就那麼一、兩回，每次最多一、兩個小時，見完他們以後，我們仍要繼續生活。當情緒來襲時，我們都是要獨自面對的。只是在醫生的建議與幫助下，我們的思維更清晰，有比過去更明確的方向。

所以，你對心理治療抱有什麼樣的期望與想法？無論是什麼想法，請不要認為心理治療是靈丹妙藥，只要吃下了就藥到病除。事實絕不是這樣，心理學家能提供的只有建議或許還會與精神科醫生合作，處方一些幫助入眠與鎮靜的藥物，但這些

全都只是輔助，真正讓自己好起來的，就只有自己的意志與決心。

▶ 痛苦會不會成了你的舒適圈？

我相信不少人會有這樣的疑惑，就是很多情緒病患者他們擁有的資源其實很不錯。自身經濟寬裕，有關心他的家人，有愛護他的朋友，甚至有才有貌名成利就，可不知道為什麼最後還是選擇了那條不歸路。關於這方面，我不敢說我的理解就是正確的，但我曾有過瀕臨自殺的時候，所以，我想我也許知道當中的一二。

希臘神話中有這樣的一則故事：普羅米修斯把天上的火偷出來送給了人類，而受到眾神之王宙斯的懲罰。把他綑綁在懸崖上，每天派老鷹來啄食他的肝臟。老鷹啄完他的肝臟後，會再重新長出來，等待明天老鷹再來啄食。這樣日復一日，年復一年，維持了很久很久，直到某天另一位天神把他解救出來。

對許多情緒病患者來說，痛苦與情緒就是那只老鷹，而我們的心就是被老鷹啄食的肝臟。試試想像一下自己的心被這樣日復日，年復年地啃食是一種什麼樣的感受？所以請不要隨便說什麼我們不夠樂觀，想不開之類的鬼話。情緒病患者不是出問題的第一天就立刻自尋短見的！我們也有像普羅米修斯一樣，用意志撐著，用盡各種方法讓自己的傷口癒合，可傷口還沒有癒合，又會因為生活的各種苦惱或某些觸動而再添新傷口。普羅米修斯是神，他有著永遠不會消失的生命力，可我們只是凡人，再怎麼強大的意志都會因這些沒完沒了的打擊而累極倒地，到最後就只想放棄，只想永遠地休息……

我不知道我這樣的詮釋能讓多人明白，但我已經盡力了。

我過去有無數次這種放棄的念頭，因為要自己戰勝自己，其實比被痛苦折磨更痛苦。因此，對於某些人來說，痛苦反倒成了舒適圈。生活很痛，但改變更痛，所以會下意識地把自己

縮回痛苦中，最後蜷縮得太久都不想再出來了。

而你，有沒有覺得自己有這樣的問題呢？

▶ 你願意為自己付出多少？

在我還沒有意識到自己有情緒方面的問題時，我已經在想盡方法讓自己快樂起來。

從最早期的抄摘名言名句，在覺得痛苦時反復用來安慰自己。到後來互聯網普及，家中添了一部筆記本電腦，我便用寫小說與網誌的方法在網上尋找知音。後來又加入宗教團體，希望能在信仰中找到痛苦的出口。見了心理學家後，我的態度加更積極。因為能見到心理學家對我來說是難得的機會，而且費用都是政府在支付，我真的不想浪費這樣的資源。所以，只要我不用工作，就會到圖書館去。閱讀有關情緒健康的書籍。我把重點內容抄下來或是用手機拍下來，回到家中反復閱讀，並且跟著書中的步驟進行一些心理暗示與清理練習。

這過程沉悶又艱苦。我都已經記不清到底用了多少本筆記本，寫完了多少支原子筆，心還是不受控地叫自己不如就這樣結束就算了。然而，任何事情在成功前都有一個過程的。為什麼有些人能情緒病中走出來，其實就是在這過程中，不管遇到什麼，都咬著牙，握著拳頭撐下去的。沒錯，這些話都是陳腔濫調，了無新意，但事實就是如此，尤其是情緒上的治癒，即使花再多的錢，都買不到捷徑。

所以我真的很討厭，與某些人分享這些心路歷程時，那些人說，你當然可以，你堅強嘛！你有人幫你嘛，你有家人朋友支持嘛…之類的話。如果聽的人是抱著這樣的態度，我真的很無語。這種人一定不瞭解情緒患者的痛苦，不但不瞭解還沒有半點同理心。要不就是在自暴自棄。如果是前者的話，煩請你多多瞭解後才發言，不瞭解或是不想瞭解的話就別發言，不瞭解還要發言的話，就有可能成為吳宗憲之流，惹人非議。如果

是後者的話，一句「你當然可以，你堅強嘛！」其實潛台詞就是「我不可以，我什麼都不及他人」。那麼請你認真問自己，是你真的不如人，還是你不夠勇氣選擇讓自己可以？

這個世上有些事情是不管什麼身分地位都沒法控制的。比如每人每天就只有 24 小時。又比如生在什麼家庭，明天會遇到什麼事情等。我們唯一能全盤掌控的就是自己。我相信這世上有人天生便有鋼鐵般的意志。但更多人的堅強，是因為他們選擇了堅強。即使環境再惡劣，條件再缺乏，也仍然選擇堅強。

我不是在吹捧自己，我就是這樣的例子。我不管自身條件或是家庭背景都要比許多情緒病患者欠缺，但我仍然選擇讓自己好起來。我極力爭取見到心理學家，我萬分珍惜這個機會，全力配合治療。在閒餘時間進行大量閱讀，學習冥想，學習自我心理暗示，這些全部都是我的選擇，是我要求自己這麼做的。我選擇了讓自己可以，並且不斷為這個選擇努力付出！

我很相信大多數的人都願意為自己付出很多，只是這段治癒的路相當艱辛，有時會累到想退縮而已。這種時候就問問自己，我願意為自己付出多少？要知道情緒治療這段路的終點由我們決定的。愈是願意為自己付出，就愈是能堅持。愈是能堅持，就愈會變得強大，這段路程就愈會縮短，終點也離我們越近。

▶ 你愛自己幾分呢？

人一定要愛自己，不愛自己，別人又怎麼會愛你？

這句話不知道多少人跟我一樣，已經聽到耳朵起繭了。但要做到這一點卻很有難度。因為我們接受的教育一直都是如何做別人眼中的好人。要做到別人眼中的好人，就不可以有自己，要知道忍讓，要不怕吃虧，要懂得犧牲奉獻，要時時刻刻為別人著想，要適時否定別人給自己的讚美，要謹記在前輩面前大氣都不能喘一口。反正骨子裏刻著的就是忘記自己，討好世界。

這種教育讓我們受盡委屈卻不敢作聲，還會常常陷入「我是否自私了」的誤區中。我個人認為，檢驗自己是否自私的標準有兩個，一，是否有違反法律，二，是否侵害到他人本該擁有的權利及利益。違法的行為一般都是自私所致，這個不用我贅述。第二點，我覺得我有必要舉個簡單的例子說明一下。

　　假設甲與乙兩人手中各有一蘋果，如果乙對甲說，把手中的蘋果無條件送給他，那你認為甲應該怎麼做？假如甲沒有把蘋果送給乙，你會覺得他自私嗎？

　　其實他一點都不自私，他沒有把乙那個蘋果搶過來據為己有，只是保有了自己原來的那個蘋果，這樣怎麼屬於自私？但我們的教育卻是儘管當時心裏真的很想吃這蘋果，口水都快溢出嘴巴了，但還是要微笑著，很大方地把蘋果無償送給乙。當甲聽到別人稱讚自己是個無私的人時，你認為他會開心嗎？當然，每個人的想法不一樣，或許甲真的會很開心，但換成我是甲的話，我一點都不會開心。我已經保障了他人的利益，怎麼還要把自己應有的那分也捨棄呢？為什麼用自己的委屈換別人說自己是好人呢？這能當飯吃嗎？不能，反倒讓自己活得很累。

　　其實人有點小私心是再正常不過的了。因為我們是人類，凡人類都有欲望與情感，都會有想要得到的東西，想要守護的人與事物。但我不是說今後就只按照欲望行事，適當地幫助他人還是要的，顧及他人的感受還是要的，但要記得在無私奉獻之餘，也要讓自己覺得舒服。

　　所以，你愛自己有幾分呢？其實多愛自己幾分，讓自己有更強大的力量來履行自己的責任，守護想要守護的人，這何嘗不是一種大愛呢？

那些對抗孤獨做過的小事情

我說過，寫這本書的目的，就是為了與我有相同經歷的人分享。以下說的事情，不知道大家有沒有做過，做過多少件，不管看了以後是感慨或是笑出來，我都希望大家知道，從宏觀的角度來看，我們都不孤獨，我，還有千千萬萬經歷相似的人，都在不同的地方，一起努力活著。

1. 抄摘名言名句

這個習慣我維持了很多年，直到幾年前的一天，我在微信朋友圈上看到一位網友，每天都上載一些名言來為自己打氣時，我突然認識到這個方法沒有用。我曾與那位網友聊過，她說在照顧家庭方面壓力相當大。一方面要兼顧工作，一方面要照顧中風的公公，還要照顧 10 歲的兒子。丈夫不但看不到她的辛苦，還一直想她再生一胎。但她說生了兒子後，有關孩子的一切事都是她一個人在打理，丈夫與婆婆都是冷眼旁觀，從沒有搭把手幫個忙，如果再生一胎豈不是又要辛苦一次？所以她堅決不生二胎。現在又要工作，又要照顧公公與兒子，還要承受丈夫催生二胎的壓力。她的辛苦無處可訴，只好用這種方法來給自己打氣。

雖然我們只在韓國見過一次面，但我能清楚地感受到她那種苦苦支撐的心情，那些名言說白了就強行給自己加的油。但是當情緒已經掉到谷底時，就像燒壞了的引擎，再怎麼加油也發動不起。於是我問她，這些名言名句是否真的有效？她說她也沒覺得有效，就是抒發一下心情而已。於是我把自己想到的

告訴她，在心情非常難過的時候，強行要自己相信什麼，堅信什麼，只會讓自己更加難受。相反，承認自己其實很痛，很難受，很想哭反倒更快舒緩內心的傷痛。

她接納了我的意見，再也沒有上載那些名言名句了，不久後，她告訴我她的公公離世了，她的壓力算是減輕了一部分。我也祝她的生活越過越好。我不知道名言名句在別人心中是怎樣的意義，但我覺得我過去是錯用了這些前人的智慧精華。因為痛苦，我急著為自己擺脫痛苦，以為能用這些名言迅速扭轉心情，但痛苦不是一兩天形成，又怎麼可能因為一兩句話就煙消雲散？被名言振奮只是一時請。除非現實也跟著一起改變。否則短暫的興奮很快便會被現實消耗至盡，那時心情又再次回到痛苦的谷底，甚至更低的谷底！

現在，當事過境遷後，我再回頭想，名言其實是前人走過人生歷練後，對前事過往的感悟與總結，是給後人鼓勵與引導的良言，不是用來壓抑痛苦的工具。所以，名言可以讓我們傲醒，卻不是用來消除痛苦的良方。

2. 買護身符、水晶

超自然的存在，我一直都是相信的，特別是水晶，總覺得每一顆水晶都有自己的心跳與性格。當我看完《秘密》後，我更明白到一件事，就是要這些物件發揮效用，首先要從心底裏相信。然而現實生活中，不如意之事十有八九，大多數的人都生活在不理想的狀況中，所以要從心底裏相信這些物件，是件非常困難的事。我們可以問問自己，有哪次買這些物件是相信其真有效用？很多時候都是因為漂亮或是留個紀念才會買下來。我甚至覺得善信們到廟裏上香求取靈符，基督徒對著十字架祈禱，心裏也沒有多少分相信神明會聽自己的。很多人都是因為眼前情況困窘，無計可施才去求神拜佛的。所以說，當一個人心情非常低落時會相信這些小物件嗎？一定不會！在心情

低落之時，只想找到實際的方法，切切實實地解決問題，相信的也只有肉眼可見的轉變。這些小東西，更多的時候只是個安慰或是裝飾而已。

不過話又說回來，我是相信這些小東西是有效果的，但要在心情好的時候。因為當心情很好時，便會相信自己是受到祝福的，這些傳遞祝福能量與增加運氣的物件，自然就會發揮其真正的效用。所以，在心情好的時候，不妨向這些物件許願，說不定就實現了呢。

3. 把自己的事放上網求安慰

若是身邊有支持自己的家人，有可以分享的朋友，我是不喜歡把自己的事放上網的。我本就不是高調的性格，若把事放上去惹來一些亂七八糟的回覆，這不是讓自己的心情變得更差嗎？但當我真的放上網後，我發現完全不用怕惹來什麼，因為根本沒有多少人看。又或者只是一些「加油」，「想開些」之類，沒什麼有實質幫助的留言。以前看到心裏會感到很窩火，但現在想想，其實是自己在強求，強求別人來安慰自己，這完全是不切實際的。世人每天都有自己的生活要面對，有自己的事情要處理，肯花時間去閱讀一個陌生人的文字，已經是很給面子了，難道還希望他在網上給自己來個心理輔導嗎？

對那些我曾經認為沒有什麼用的留言，現在也多一種理解。這些留言的背後，有的可能真的是隨便安慰一下；有的可能就是留個言意思意思；有的可能是想安慰又不知道怎麼安慰；就只能留一些我們認為的「行貨」。所以對於留言，我們還是不要太期待，網民們不留一些亂七八糟的話，就已經要感恩了。

到現在我的社交帳號已荒廢十幾年，連登入密碼都完全忘記了。即使在微信，我也不會主動把照片與視頻分享出去，但我卻樂意用文字的形式來分享我走過的路。因為過去在我最需要安慰的時候，沒人安慰我。所以對一些不認識的，與我相似

經歷的人，我希望用我的經驗去安慰他，不管是網上還是生活中。我知道我不可能三言兩語就可以解決對方的難題，但是當人感到孤獨時，知道有人跟他一樣的孤獨，多少都會感到這一些安慰的，這就是我樂於分享經歷的原因。

4. 積極參加集體活動

當我還沒有認清孤獨時，我對孤獨一直有一個很大的誤解，就是孤獨 = 沒朋友。所以在過去很長的一段時間裏我都非常積極地去認識朋友。

我很記得，2001 年的時候，我在一家貿易公司工作，經常與隔壁公司的一位女孩打照面，後來見面多了，就試著去與她做個朋友。她約我星期天的時候出去走走。到了那天，我原來以為只是逛逛街，吃吃喝喝過一天，沒想到她竟然把我帶到教會去！

說真的，我過去對宗教的印象不錯，但我認為自己不適合宗教。可到了教會後，看到有那麼多教友，心想或許可以在這裏認識到朋友。所以，就算我覺得自己不合適，仍然選擇留下來，而這一留便是 8 年。8 年的時間，我最深的體會是朋友多不等於不孤獨，也不是所有人都適合做朋友，就算對方是很優秀的人。所以，我過去真的不太喜歡那群組員，不是說信望愛嗎？不是說大家都是主的孩子，是弟兄姊妹嗎？但 8 年的時間，怎麼感覺就與同事相處一樣，不冷不熱，不近不遠？

但現在回想起來，他們其實已盡力了。從 2010 年年底，我才真正意識到自己有情緒問題。但在這之前，我就只知道自己痛苦孤獨，因而拼命地想認識朋友，拼命地希望身邊多些人，誤以為多些人就不再孤獨不再痛苦了。可他們根本不知道怎麼去與我這種人相處，而我也不知道自己的情緒為什麼總是不受控地起起伏伏。8 年來，我與他們都在找一個融合的點，但我們都不得其法，最終我選擇靜悄悄地離開。離開教會後很長一

段時裏我都在怨恨，但現在明白到，他們當時真的盡力了。如果現在再見到他們，我反而要向他們道歉，謝謝他們曾經為我付出過的努力。

5. 自我封閉

當用了許多方法都沒法改變孤獨的狀態時，我選擇過放棄，而所謂的放棄就是自我封閉。把手機中所有電話號碼刪除掉；再也不去加入任何集體或參加集體活動；每天每夜都催眠自己，反正沒有人懂我，那我就不如死了這顆心，專心一個人過吧，只要有錢，就沒有過不了的。但實際上呢？實際上是每當靜下來，都會看一下電話，心想會不會有誰發來一個問候的信息？會不會某天像漫畫般有奇蹟發生？晚上做夢也會想像與人結伴出去，即使什麼都不做，就只是在公園中散散步，一起坐著發呆也好。但現實卻是當你選擇放棄世界，世界也會放棄你。地球不會因為你的封閉而不轉動，那些朋友，也不會因為見不到你而沒法生活，封閉自己只會讓自己更加落寞消沉。這絕對是我用過最傻最愚蠢的做法。

現在再回想起，從抄摘名言到自我封閉的這些做法，都是病急亂投醫。這段經歷告訴我，任何問題，若試圖去壓抑，扭曲或逃避。都只會使之愈演愈烈，愈是不可控制，想要找到應對之策，沒有比直接面對更加有效。可當時的我已技窮，也非常迷茫，更冒起了輕生的念頭。我想到的最後一步就是向專業人士求助了。我本以為這很容易，因為在香港，為弱勢人士提供幫助的機構非常多，感覺社工們都很專業很熱心，但沒想到，當我下定決心尋找專業人士幫助時，又是另一段漫長旅途的開始。

負面情緒的兩個面相

「負面情緒」在大家的心目中是個怎樣的存在呢？我相信一定會有很大的一部分人認為「負面情緒」絕對不是個好東西。

沒錯，負面情緒真的不是什麼好東西，不管過去或現在，我都沒有改變自己的看法。如果把負面情緒想像成一個人，那麼她就是一個面色如灰，頭上總是飄著一朵下著雨的烏雲，身上的衣服是灰色的，頭髮也是灰色的，臉上也看不出是喜還是悲的人。這樣的她，幽靈般如影隨形，難以擺脫，總是猝不及防地走來擾亂我的興致，讓我本來愉快的心情一下子掉到谷底，也會讓我在眾人面前突然失態，擾亂我的正常社交。還經常在夜深人靜時，讓我淚流不止，難以入眠。試問這樣的一個混蛋，誰會喜歡，任憑誰都希望擺脫她而唯恐不及。

最近我在大型影音平台上看到了一段影片，影片中的主角因為受負面情緒的困擾而非常的沮喪。他說不知道為什麼，莫名其妙地情緒就變得非常低落。這話勾起了我很多的回憶，尤其是在教會的那段時間，情緒也是這樣莫名其妙地變得低落，讓教友們不知所措。看著影片主角那張稚嫩純真的臉，我忽然覺得我學會了認清自己，學會了與孤獨相處，但卻沒有好好認識一下自己的負面情緒。

那一晚，我躺在牀上輾轉反側，想了很多。誠然，沒有人會喜歡負面情緒，但這個老朋友。按常規來說，她應該是在心情不好的時候才出現的，但她為什麼會在我心情不壞的時候突然出現呢？過去為了不想在人前失態，也為了快點擺脫這種憂鬱的感覺。我用的方法只是壓制她，把她趕跑，我一次都沒有

平靜地看面對她，瞭解她突然跑出來的原因。走過心理治療的歲月後，我發現許多出現在生命中的傷痛，都是一道人生課題。比如在工作上遇到挫敗，比如遇到了傷害自己的人，雖然這些方法讓人很痛苦，但也不得不承認，當學會克服這些課題中的困境後，人生真的是進了一大步。所以，即便是天下最幸福的人也會有的負面情緒，除了要我學會如何快速趕走她，擊退她之外，我還可以從中學到什麼？又或者說，是不是有更好的克服負面情緒的方法？

經過仔細回想，我發現我的負面情緒大多都是兩種情況下出現。

第一種情況，就是在我閒著沒事，心情平靜，生活上又沒有什麼特別事情發生的時候。就好像影片中的主角，莫名其妙的就出來擾亂本來安定的思緒。我曾經為此而相當懊惱，只懂責備自己情商低，後來某次，我與家中的小狗玩耍時，看著牠們撒嬌討摸摸的模樣，我得到了啟發。

家中的兩隻小狗，在我每次工作結束回家時，都會搶著向我飛奔過來，吵著要我摸摸牠們的頭，給牠們一個抱抱。如果我不理會牠們，牠們便會一直跟著我，在家中走來走去，直到我願意理會牠們為止。但若是我閒時留在家裡，主動去逗逗牠們，帶牠們去散散步，牠們就不會一直吵我著求抱抱。這讓我忽然意識到，我的負面情緒就不像家中的兩隻小狗嗎？她跑出來，為的不是要打亂我的興致，而是希望得到我的關注。這麼一想，負面情緒一子變得不再那麼討厭了，她只是個想得到我關心的孩子而已。

其實負面情緒一直與我們同在，從感受到傷害的那一刻開始，她就默默地與我們一起。她就好比與我們從小玩到大的夥伴一樣，我們年幼，她也年幼，所以我們察覺不到她發出的「我受傷了，我想得到關注」的信號。即使有所感應，孩童時的我

們，又怎麼懂得去理解這是怎麼一回事。隨著我們的人生變得複雜，她也漸漸壯大。到了我們可以為人生負責的年齡，我們只會想著如何迎合社會，卻不會去注意到我們的負面情緒也隨著我們的年齡愈發敏感脆弱。

因為我們都太忙碌了。我們要學習，要工作，要應付生活中各種瑣事，我們要以最好的狀態站在人前。所以每當感到悲傷難過時，哭一下就過去了，又或者與朋友同事吃吃飯聊聊天，就當自己沒事了，有時甚至干脆不去理會，待時間沖淡了悲傷的感覺，就把一切拋諸腦後。因為我們無暇去傷春悲秋，我們要留更多的時間去催促自己進步，讓自己時刻跟上社會的步伐，保持競爭力。但負面情緒不一樣，她是個敏感的孩子。我們不以為意的小事情，她都會一一記錄，而且她記得的事不會被時間沖淡。相反，隨著時間的流逝，傷痛一點點地積累，她就會隨之愈發壯大。真到某天，她認為不可以繼續被我們忽視下去，便使出強烈的手段。我永遠都沒法忘記負面情緒爆發時那種沉甸甸的低落感，就像被一隻手掐住了咽喉，整個身體被拉著往下沉，沉向無底的深淵。

但我們一般的處理方法是怎樣的？就是討厭她，抗拒她，並且用盡方法去壓抑，去驅趕，以求儘快回到平靜，恢復到最佳的狀態。這樣做也許會得到一時的平靜，但這樣治得了標治不了本。所以，她會在我們不以為意的時候跳出要求我們的正視，但若我們繼續不理會，她就好像我家中的毛小孩一般，得不到關注，便會吵得比之前更加厲害。

所以，我們應該以一種對待毛小孩的態度去對待負面情緒。雖然她讓我們心情低落。但這其實不是她的錯，過去她多次向我們發出「求關注」的信號，是我們沒有予以正視，一切都是我們忽略她警號的結果。她只是個希望得疼愛與關心的小孩。我們就不妨像對待毛小孩那樣，在心裏溫柔地抱著她，問

問她今天過得怎樣？感覺如何？是否覺得被忽略了？是否覺得孤單了？是不是被某件事觸動而感到不開心了？要怎麼做才會感覺好些呢？我相信她要的不多，她就是求關注。我們可以做一下深呼吸，靜靜地感受著內心的跳動，再用力地吸一口氣撫慰她的煩躁。當她感受到溫柔時，便會很快恢復平靜。

而且我們還要讓這些做法變成習慣。就如照顧毛小孩一樣，不等牠鬧脾氣才去關顧牠，而是把牠當成家人般，時常與牠聊天玩耍。我們的負面情緒就是希望我們能做到這些。不要等她發出警號才去注意她，而是在閒暇時，臨睡前時，都靜下心來仔細感受情緒的狀態，回想一下白天發生的事情，有沒有在自己的心中留下什麼。經常留意自己情緒上的需要，在心裏與她對話，給予她重視，讓她覺得自己是被愛的，讓她不再感覺孤單，她自然如得到主人關愛的毛小孩一樣，安靜地趴在小窩中，不吵不鬧，做一個乖孩子。

另一種負面情緒跳出來的情況，在過去我一直有所察覺。就是在我稍微感覺到一點點幸福或對生活開始有些希望之時，負面情緒就好像一道大閘從天而降，阻隔了這些美好的感覺。我曾跟心理學家談論過此事，心理學家問我，能夠說出這道閘為什麼要落下來嗎？我說好像是害怕快樂，害怕快樂下去，就會有什麼壞事要發生，所以必須及時阻隔。但我為什麼要害怕快樂呀？！多年來，我一直想方設法擺脫情緒的控制，極力尋求專業人士的幫助，不就是希望自己能夠快樂起來嗎？為什麼我會下意識地阻止自己快樂？

為什麼會這樣？過去我一直都想不通，直到心理治療結束，我都沒能得到一個明確的答案。就在最近這一年多的時間裏，思緒變得清晰我才算想通了這件事。事實上，我不是害怕享受快樂，我是不敢讓自己的心在這種感覺中停留太久。因為我害怕變得快樂了，便不再有能力抵禦日後會遇到的痛苦與煩

惱。在這種時候，我的負面情緒就好比守衛著脆弱之心的戰士一樣。只要我感到幸福，她就會提醒我過去的慘痛經驗，告誡我不要忘記那些曾經以為是快樂的事情，最後只剩下無盡失望時的痛苦。她怕我再度崩潰，怕我會因再次受傷而一蹶不振，所以她只好化成閘門讓我與快樂的感覺分開，讓我不要對任何事情抱有希望，這樣做雖然討厭，但至少能防止我再次心碎。我的負面情緒其實不是想我難過，而是不想我再次難過，她一直默默地用她的方式守護著我。

如果再次把她想像成人，我腦中浮現的形象是一位身穿灰色盔甲，手拿長劍，一臉嚴肅的女人。但當仔細一看，她身上的盔甲是軟的，她手中的劍也是軟的。她雖然表情嚴肅，但眼裏卻含著淚水，大概她也不想用這種方法來保護我吧。無奈以我過去的能力，她能用的就只有這個方法了。當我明白後，我在心裏伸出雙手擁抱她，並且對她說道：「對不起，多年來都在誤會你。辛苦了，一直這樣堅定地守護著我。今後就卸下盔甲，安心地在我心裏休息吧，我已經不再需要這樣的守護了。今後，我要過新的人生，我想好好地感受生活中的幸福，現在的我已有足夠的力量去迎接日後的挑戰，所以就不要再為我操心了，以後就做我的好朋友，與我一起感受人生吧。」當我在心裏說完這段話後，我有一種被鬆開了的感覺。這應該就是書中說的，與自己講和吧。所有的自我衝突都停止，所有的感官都合一，整個身心是前所未有的安定與踏實。

人為什麼會出現情緒的問題，雖然精神科醫生說原因很多也很複雜。但在我走過這條漫長的路後，我認為，最大的原因就是我們的原生家庭與接受的教育，我們的社會都教育我們，把自己放到最不重要的位置。我們自生出後就被灌輸一大堆的概念：父母很重要，學習很重要，長輩親戚很重要，工作很重要，金錢很重要，與他人打好關係很重要，讓自己達到社會各

項標準很重要，唯獨沒有告訴我們，我們自己才是最重要。可我們都是人，再怎麼大方無私，內心都會希望得到關懷與重視，當我們自己都棄自己不顧的時候，情緒便會跳出來提醒我們。不管以何種形態，都是在告訴你，是時候看顧一下自己。

負面情緒的出現，其實並不是壞事。過去我討厭她，是因為我錯誤地認為，有負面情緒，就等於情商不高。實際上沒有人比她更瞭解我，沒有人比她更在乎我的感受。我知道日後，她還是有機會讓我難受的，但我絕不會以壓抑，驅趕的方式來對待她了。我會把她當成好朋友，以最誠懇的態度回應她的需要，讓她成為監察我感受的最忠實夥伴，一起更好地活下去。

最後，我要跟聖母們說，不用急著提醒我要懂得為他人著想，不能只顧自己。你們不要把滿足自己的欲望與重視自己混為一談。那些自以為世界繞著自己轉的，一味只想著如何滿足自己欲望的人，其實從沒有認為自己重要。真正覺得自己重要的人，是懂得自重自愛，絕不會輕易傷害他人的人。因為他們知道，對他人的傷害早晚會反噬到自己身上。他們會懂得感恩珍惜，以誠待人，把一些品格良好，正直優秀的人留在自己身旁。斷然不會任由自己被欲望吞噬，把自己推向萬劫不復的境地。聖母們，我也不求你們懂，只是希望你們繼續留在你們自認為的道德崇高，聖潔無比的世界中，做你永遠不會出錯，永遠最高尚的神仙，就別來凡世沾染塵埃了。

學會與自己好好對話，享受孤獨時間

　　如果要我說出三個能夠走出心理陰霾的重要原因，那麼第一，就是在心理學家與社工的幫助下清理過去發生在我身上的種種，並且學會以旁觀者的眼光來看自己，時刻知道自己正處於什麼樣的狀態。第二，就是找回真正的自己。第三，也是我認為最重要的，就是學會與自己對話，享受孤獨的時間。

　　這並不是一個新鮮的說法，我在翻閱心理治療書籍時，大多都有提出這個概念。過去我看到這句話時非常惱火的，我這麼努力地去認識朋友，想要擺脫孤獨，你卻說要我去享受孤獨？這不奇怪嗎？何況過去我真的不明白孤獨有什麼好？做什麼都是形單影隻的。想去逛個街沒人陪，想去看電影沒人陪，想分享一本好書，說一些有趣的日常事沒有人理會。凡節假日都是一個人躲在家裏，什麼感受節日氣氛，節日回憶全部都沒有我的分，試問我有什麼理由去享受孤獨？

　　2009 年，我被辭退後，最終意識到自己不適合在辦公室裏工作，所以決定不再去找工作，而是靠自己僅有的一點點本事來賺錢，沒想到這樣一做就十幾年。十幾年來沒有有薪假期，每月收入不穩，但我卻多了很多時間來跟自己獨處，並且進行了心理治療，現在回想起十幾年前的被辭退，似乎是老天爺的安排，就是讓我有時間進行心理治療，並且學會享受孤獨，讓自己擁有獲得新生活的機會。

　　所謂享受孤獨，我領悟到的不是要與旁人斷絕聯繫，不是要你去喜歡孤獨，認為孤獨就是一件很好的事，而是在沒有干

擾的情況下，自己面對自己。把心底裏想逃避的、不想承認的、覺得羞恥、遺憾與後悔的、厭惡的、想要的，不想要的、感到驕傲的、甚至妒嫉的，全部都不再隱藏掩飾，像列購物清單一樣，一項項地列出來，就好像整理房間一樣，把物品全都搬出來，再一件件地整理好。但這有兩個前提，一是必須真誠地，毫無保留地面前自己，尤其是不要回避那些自己感覺羞恥的事情。我們都不是聖人，偶爾也會產生一些自私的，讓自己感到羞恥的想法。即便只是想想，沒有真正實行，也沒有對任何人造成傷害，可還是感到不好意思，因此很多人會下意識地去逃避，可是既然要誠實面對自己，就是要衝破這個心理關口，否則，就像房間剩下某個角落不去收拾，根本沒有完全地整理。

　　第二個前提就是，要有堅定的走出陰霾的心，以此去對抗一些約定俗成的說法。因為我們的觀念容易受這些說法影響。比如下班後沒有聚會就很覺得自己可憐，情人節沒有情人很悽涼等等。長期的耳濡目染，這種觀念可能早在我們心裏扎根，要改變這種想法不容易。所以我們必須有足夠的決心，去屏蔽這些慣性的想法，讓自己有平和清晰的心境去面對自己。如果一直被這些說法困圍，一直想著情人節沒有情人，我真的很失敗很可慘的話，是不可能與孤獨好好相處的。

　　就我個人而言，這點完全沒有難度。我從小就沒有多少朋友，經常都是一個人，再加上我本來就偏好靜。酒吧、卡啦OK這些地方，以前也跟同事去過，但很快便不想再去了。一是嫌太吵，二來我不喜歡喝酒也不會唱歌。雖然我不否認，沒有被邀約去聖誕派對，自出娘胎來沒有過過情人節，心裏多少都會有些黯然。然而這一切都勉強不來，所以我只好善用自己一個人時的時間。

　　開始了心理治療後，思維變得清晰，一個人時我會問自己很多問題，而且一條問題不只問一次，而是每隔一段時間，就

問自己一次。因為人的思想與心境都會隨時間變化，不同的心境會有不同的答案，只要思維一直保持清晰，你會發現這些問題會幫助你發掘到更多自己的，甚至會得到一些意想不到的東西。

我過去就經常問自己，為什麼會沒有朋友。剛開始的答案充滿了自我質疑，總是覺得自己肯定哪裏不夠好，才導致沒有人願意留在我身邊。過了一段時間，我又再問自己，答案還是有自我懷疑，但卻開始重新檢視從小到大的自己，我真的有那麼差嗎？其實在心底裏，我真的不認為自己有那麼差。

我自問從小就是個守紀律的人，從不去惹事生非，又不會故意說傷害人的話。但是我發現從我從小到大不管是想法或是理念都與身邊的人有很多的不同，但那時我根本沒有意識到這點，只覺得自己怎麼如此不合群？所以為了合群，我只能放棄自己的一些想法與興趣，儘量地去遷就別人，但結果是我不

僅沒有與他們建立起默契和友誼，反而讓自己更寂寞。而他人大概也感覺到我不是他們的一分子，因而也沒法與我成為真正的朋友。這其實沒有誰對誰錯。我只是沒有認清自己，一直去與不合適的人做朋友罷了。明白了這一點後，我對認識朋友的執著便完全放下了。

然後我又問自己，就是為什麼會覺得有朋友就不孤單了？我剛開始的答案是，這不是理所當然的嗎？人就是群居生活的，就應該有朋友在身邊。但很快我便發現這種想法，更多的是來自生活各種資訊的影響。在數不清的影視作品、廣告宣傳中，我都看到主角不管如何的差勁潦倒，都必定有一位相信他，對他不離不棄的人在身邊。再加上大眾與各大媒體似乎都對單獨一個人有著某種程度的「歧視」。記者在戲劇拍攝現場看見有演員自己一個吃飯，就會把對方稱為「獨家村」。而普羅大眾有不少人都在暗地裏對單身人士或是朋友不多的人指指點點，

討論他們是不是身體有問題，性格有問題。久而久之，我對朋友的渴求不僅僅是情感的需要，還關乎面子。回想過去有很長的一段時間，為了身邊可以有朋友，不管是上網也好，參加一些社區活動也好，到教會去也好，可以做的都做了。就如一只瞎眼蒼蠅到處亂碰，明明知道有些事情不適合去做或者不想去做，但一方面想有朋友，一方面怕沒面子，都硬著頭皮去做了。明知人家留個電話只是禮貌，根本沒有想過我真的會打，可我就是想碰碰運氣，打電話跟別人聊天，還想約人家出來吃飯逛街。結果當然是一次又一次的失望。

　　我知道在很多人眼中，我說的這些話都是老生常談。但若你真的跟著去做，你會發現這其實這不僅適合一些情緒出現問題的人，就算你很幸福，也可以透過不斷問答重新認識自己。你會發現思維愈發的清晰，心情愈發的輕鬆平靜，甚至可能解鎖你過去沒有察覺到的潛力。個人感知也會變得更加敏銳，更懂得享受生活，感恩生活。

　　自從走出陰霾後，我就覺得世上大多數人的生活都很吵鬧。工作、吃飯、照顧家庭、日常人際交往，所以如果難得有時間靜下來時，就試試問自己這些問題吧。

　　為什麼要有朋友？

　　何謂婚姻？為什麼人要結婚？

　　為什麼要當父母？

　　為什麼當個大公司高管才是成功人士？

　　為什麼夢想是醫生律師才是有志氣的小孩，喜歡跳舞唱歌就是不冒正業？

　　為什麼在這件事上我要做這樣的抉擇？我其實想到什麼？又不想要什麼？

　　等等等等……

　　這些都是生活在世俗的我們回避不了的問題，就多聽聽我

們內心真正的聲音吧。同為世俗的一份子，我當然明白生活中的無奈，在現實與自身條件的限制下，有些想法我們不得不放下。但最可怕的不是未能按照自己的理想去生活，而是被生活奴役得太久，把自己的真實想法，內心真正的需要完全忘記！過去，我只顧著擺脫孤單，不想做別人眼中的異類，才不斷地催逼自己多認識朋友。但真正的我，根本不在乎朋友的多寡，我想要惺惺相惜的關係，一個真的能與我有相同頻率的知己。我可以不去逛街，不去看電影，不去餐廳吃飯，永遠不參加任何派對，我只需要一位可以與我喝著清茶，看著天空，能自在閒聊的摯友。當我完全認清自己，別人口中什麼沒拖拍很慘，什麼「孤獨精」，我全部都免疫！對婚姻的看法，對工作的看法，也不再受外界的左右。

我知道在不瞭解我的人眼中，我就是個年過四十的老女人，是社會的基層，沒錢沒房沒車，一無所有，人生灰暗。但我的心情卻沒有因為這樣而灰暗。我現在每天都享受孤單，並且感激自己從未放棄原則。我當然不是要頹廢不振原地踏步，更不會與錢作對，但我的能力就是這麼多，沒必要苦苦地逼自己成為別人眼中的成功人士。倒不如過好自己的每一天，與真正的自己好好相處，讓內心時常平和自在。

現在，我每天睡前都與自己來一次對話，檢視一天中發生過的事情，檢視一下這些事情給自己情緒與心理上的影響，好好整理自己後，我才能安心入睡。尤其香港這幾年，風起雲湧，病疫肆虐。作為無背景無權無錢無資格拿 BNO 之人，難免會心生恐懼。但正是如此，我更堅守好真正的自己，有些信念與渴求，可以不說，可以沉睡，但不可以忘記更不可以死去。只要保守好真正的自己，不管外面的環境怎麼混濁，我們都可以活成一股清泉。

難道跳下去人間真的會痛惜我？

在這世上，有一種人我特別討厭。就是對任何事任何人都抱著質疑的人。我曾經在某個分享會中分享了部分的經歷，其中一位男士皺著眉頭說：「如果你真有這樣的經歷，應該早就死了，為什麼現在還活著？所以我覺得你放大了自己的經歷，把事情想得太嚴重了。」

當時在場的其他人都有點驚訝，而我卻沒有太大的感覺，因為這種人我不是第一次遇見，我回了一句：「沒有死讓你失望了，真是對不起。另外，很多被確診抑鬱症的人都還活著，你認為他們是無病呻吟，還是那些醫生專業有失？」

我看著他的表情從不屑變到略顯慌張，然後有點結巴地回答道：「這……只是很個人的想法，你可以不理會。」

我並不想咄咄逼人，但這種被認為是無病呻吟的感覺讓我覺得不受尊重，所以我才會這樣回應。這樣的人，其實我真的見過不少，他們應該也有一定的經歷，所以意識裏會認為，他的眼光與思想境界比許多人高，他們非常確信他們可以透過現象看到事情的本質。但是他們不知道，這種他們自認為的透過表象看到本質，其實只是對世界的不信任，這大概是他們過去曾遭受傷害或背叛的結果。作為曾被孤立的人，我不會對他們有太多的苛責，但我希望他會明白一件事，就是不要輕易地質疑別人的經歷與痛苦。這樣的舉動，不但使對方感覺難受，自己也得不到任何好處。

為什麼這麼痛苦我不去死？其實我想過死很多次，但或許老天爺還不想在此時接收我，所以讓我看到了一件事，使死亡

的念頭遠離了我。

　　就在第一次心理治療開始後不久，我因工作經過油麻地果欄，就在離油麻地戲院不遠處某個景象讓我定住了。我看到一輛警車停在路中心，幾名警察正把一具包著白布的屍體抬到警車上。屍體包裹得並不嚴實，站在對面馬路的我，隱約看到是男性，我還瞥見了他披滿血的頭顱以及帶血的手。因為沒有看到其他車輛，也沒有交警，所以我猜測死者不是被車撞到，而是跳樓自殺。不過，我向來不是愛吃花生的人，加上有學生在等著我，所以我就只看了一眼，便離開了。

　　真正讓我震撼的，是在我結束工作，原路返回的時候。當經過警車停放的地方，我發現地上已看不到血跡了，汽車一輛接一輛從上面碾過，就好像什麼事情都沒有發生過一樣。就在兩小時前，一條寶貴的生命消逝了，但地球依然如常地轉動，街道仍是如常地喧鬧，一切都沒有任何改變！

　　我不知道當天有沒有新聞報導這件事，但就算有報導，我相信大家還是照常生活，沒幾個人會因為這件事感到惋惜的。包括我，看著一具血淋淋的屍體被搬上車，我的心情也沒有受到太大的影響，還是如常地去工作。但當回程時，看著眼前一切如常，好像什麼都沒有發生過的景象時我呆住了。我聯想到自己，如果我跟他一樣選擇跳下去，大概也是這般光景。就猶如一滴水落進了大海，悄然無聲，地球仍是一樣運轉著，人們還是一樣忙碌地生活著。而我的父母，我不覺得他們會難過，我反而覺得他們會埋怨，埋怨我為什麼要死，浪費了他們多年來花過的錢。至於朋友，親戚就更不用說了。嚴格來說，我真的一個朋友都沒有。親戚嘛，在我活著的時候都不見得歡迎我，死掉對他們來說就如同少了一件無用的擺設而已。

　　　難道跳下去人間真的會疼惜我？
　　　── 姜濤《孤獨病》，作詞人陳詠謙

　　這是我近期很喜歡的一首歌，尤其上面的那句歌詞，完全描述了我當年的心境。站在大馬路旁發呆，看著車來車往，人們說說笑笑，休憩處的老翁靠在長椅上打盹，沒有人在意剛才有人死在附近。這般情境讓我再一次下決心，我必須要治療好自己的情緒，我必須擺脫那些籠罩了我幾十年的陰霾，除了好好活下去，我沒有別的路可以走。因為透過眼前的一切，我完全可以預見，假若我真的跳下去，下場也將是一樣的冷清慘淡，沒有半點聲響。我想起了黃子華在《棟篤笑》中說的一句話，這世上只有兩種人適合自殺，其中一種就是死後讓大家多一天假期的人，比如屈原。屈原是剛好在端午那天告別塵世，才會被世人經常談論。若非如此，即使生前怎麼深受愛戴，死後千萬人惋惜，終究也會隨著時間流逝一點點地被世人遺忘的。

　　2017年4月，《房思琪的初戀樂園》作者林奕含自殺身亡。她的離開，的確引起了一陣對抑鬱症及性侵的關注，但僅僅是一陣，一兩個月後，就鮮有人再提起有關她自殺的事情了。同年，LinKin Park樂隊主唱Chester Bennington自殺身亡。據報導他年幼的時候曾受過性侵，這種傷痛一直困擾著他，再加上好友的離世，他也跟著走上了那條不歸路。但他離開以後，我看到的留言，都是說喜歡他們主唱的電影歌曲，卻沒有多少聲音會呼籲大家關注性侵以及被性侵後的心理問題。讓我們再把時間往前推19年。2003年4月1日，一位讓香港人引以為傲的巨星張國榮從文華酒店一躍而下，從此告別這個煩囂的世界。事後經理人證實他是被抑鬱症帶走的。此後每年的4月1日，哥哥的歌迷們都會用各自的方式懷念這位巨星，但卻很少有人會提起他真正的死因——抑鬱症。

　　再看看他們的家人都在做什麼。林奕含的父母在一大堆的證據，還有警方的檢控要求面前，竟以保護女兒為由，決定放棄提告誘姦女兒的兇手！連警方都覺得匪夷所思。這件事若要

我說吧，保護女兒是門面話，面子才是重點。再看看 Chester Bennington 的父母，早在他 11 歲的時候，他們便離異了。Chester Bennington 被性侵長達 6 年，這 6 年當中，相信他的父母給他的關懷甚少，否則，只要父母給他多一點關愛，這種事情不可能長達 6 年！Chester Bennington 的生命也不會只有 41 歲。至於張國榮的父母，過去沒有很詳盡的報導，但從張國榮的訪問中可以得知，父親是個不負責任且大男子主義的人。姐姐當年考進香港大學，父親竟以女孩子不需要接受太多教育為由而拒絕為女兒支付學費，姐姐是靠半工讀完成大學的。至於母親，張國榮坦言一生人與母親同住的時間就只有半年。真正能給他家人溫暖的，就只有從小照顧他的馬姐六姐。所以不難肯定，家庭溫暖對這位看似擁有一切的巨星來說是一種奢侈。

我自問是白丁一名，生與死都不會引起什麼水花。但以上幾位，好歹也引起過一陣熱議吧？但熱議過後呢？地球還是照常轉動，生活仍是馬照跑，舞照跳。相信會有人說，抑鬱症有專門的機構負責呀，我們什麼都不懂，可以做到什麼？不是的，當需要向這些部門求助的時候，很有可能為時已晚了。所謂預防勝於治療，我們該針對的是抑鬱症背後最大的成因——原生家庭！

讓我覺得非常荒謬的是，即使網上有人指出林奕含父母的錯誤，有不少精神科醫生呼籲家人朋友的配合，有許多地方開辦教導家長如何為人父母的課程。但還是有吳宗憲這樣的人蹦出來說抑鬱症就是因為不知足！那些「天下沒有不是的父母」的盲目吹捧也沒減少過。

難道跳下去人間真的會疼惜我？不會！名人尚且如此，素人更別說了。名人還有傳世的作品，讓後人銘記與懷念，但我只是宇宙中的一粒微塵，活著沒有人看見，消失了也不會有人知道。除了被他人說成「對生命不負責，不顧及父母感受」外。

就什麼都不會留下。

　　我承認，因為當時給我會診的那位精神科醫生，跟我開頭說的那位男士一樣傲慢，沒把我當一回事，所以沒有給我做過抑鬱症的測試，所以我不能肯定我是否有抑鬱症。但是不是一定要被確診患上抑鬱症，才有資格說出自己的痛苦呢？沒有自殺死亡，就不是患上抑鬱症，這又是誰下的定論？請允許我再引用《孤獨病》中的歌詞對這些自以為懂的人說：

活著無對錯

　　難道我戰勝了痛苦活下去就是錯的嗎？

　　還有，致與我差不多的你們：

普天之下病人無數　記住你心　還有願望
當你再哭也沒結果　找不到那心理藥房
別遺忘還有我　同樣在那些陰影　笑著行過

　　痛苦時，務必請想一想，無數的病人正與你一樣，在這陰影行過，你真的不是一個人。

分享幾個轉換心情的小技巧

在接受心理治療的過程中，我覺得最艱難的就是如何在獨自一人時控制好自己的情緒，因為過去積壓太多的痛苦與恐懼，內心變得異常敏感。經常因為一點小事就觸動情緒。所以這篇文章，我想與大家分享幾兩個快速轉換心情的小技巧，當感覺自己的心情有那麼一點點下沉時，不妨試試看。

技巧一：發現情緒開始低落時，迅速把自己帶回當下

即使下了巨大的決心讓自己走出陰霾，但生活與工作每天仍在繼續，只要有生活，就一定會出現各種各樣的問題，這樣非常容易讓睡著的負面情緒醒過來。如果這時候任由情緒控制自己，那麼苦苦支撐著的意志便會很快崩潰。我不知道別人會呈現什麼樣的狀態。而我最差的狀況，就是痛苦到無力站立，有時明知是在公共場合，周圍很多眼睛都看著，都會難以抑制地哭泣。在教會的時候，我還試過不作聲就離開，不聽電話也不見任何人，然後自毀的念頭又會隨之萌生起來。所以必須在情緒觸動的時候立刻把自己拉回當下。

方法非常簡單，就是跟自己說說現在是何年何月何日，幾點鐘，正身處何方，周圍有什麼樣的人或是景物。這個方法是心理學家教會我的。2015年6月左右，弟弟被送進了精神病院。但在他進去三年後的 2018 年，我還是活在他的暴力陰影下，有時睡到半夜聽到閘門開的聲音（實際是鄰居開門回家），我就以為是他回家而嚇得冷汗直冒，整夜都睡不好。我把這種情況告訴了心理學家，她教了我這個方法。告訴自己現在身處的

時間，不會再受到弟弟的暴力威脅。後來，當發現了情緒有問題的時候，我都用這個方法。

我個人覺得這個方法非常好用。我發現情緒的沉淪大多是兩種情形：第一種就是當下所面對的狀況並沒有什麼不妥，工作安定沒出什麼亂子，家裏又沒什麼大事，總之就是沒有麻煩事發生，但情緒還是會不自覺地沉浸在痛苦的狀態難以自拔，這是因為我們的心實在太習慣活在痛苦中了。另一種則相反，就是眼前的景況確實是匱乏無助的，讓人沒法不對未來憂心，還會產生很多悲涼的幻想，幻想不久後可能連飯都吃不到一口，幻想某天孤單地死在屋裏，屍體發臭才有人理會，導致日子過得垂頭喪氣，毫無衝勁。

我過去大多數時間就是活在這種狀況下。所以我很討厭別人叫我樂觀點，不要總往壞處去想。道理我懂，但要做到談何容易？過去積累的失敗經驗，還有眼前的家庭與自己的條件，我憑什麼樂觀？我憑什麼可以往好處去想？真是站著說話不腰痛！

後來透過《當下的力量》這本書瞭解到，我這種情況就是活在未來。活在未來的人是非常痛苦的，所以心理學家教的方法，就是要我控制自己活在當下。心理學家說的方法雖然簡單，但要實行起來一點都不容易。因為你會發現，你這一刻的思緒被拉回來，但很快又會不由自主地回到沉痛的狀態。在這種時候請不要質疑，也不要氣餒。思緒飄走了，就拉回來咯，再飄走就再拉回來，不管飄走多少回也堅持拉回來。一個星期後，你會感覺到這種活在當下的做法已漸漸成為了習慣。一個月後，再對比一下過去的自己，你會發現自己沉浸在痛苦的時間比以前減少了很多。所謂美好的未來，就是由無數的現在組成，活好了當下，未來也自然往美好的方向轉變。

技巧二：在情緒沉淪時，不斷地問自己問題。

這是我從一本叫《零極限》的書中學來的方法，不過我的方法與書中有一點點不同。當我遇到一些讓我非常擔憂的事時，就會用這個方法來防止自己沉淪。

前陣子我因為疫情收入大減，非常憂心。那時我就問自己：

為什麼擔憂？
因為收入減少了

減少到什麼程度？
少了很多

那麼溫飽如何？
還是可以溫飽的

其他開銷呢？
偶爾去吃一餐好的，買件衣服還是可以的

那麼有沒有別的增收入的方法？
不是沒有，就看我願不願去幹，真的去到了山窮水盡的地步，去快餐店打個工還是可以的……

其實不管問題有沒有解決，在自問自答的過程中，情緒已漸漸平伏。而且我們還會發現，很多問題不是不能解決。但若真的很擔心，我還有一個問題問自己：假如一個月後就山窮水盡了？那麼你是從現在開始一直難受到一個月後嗎？如果一年後呢？三年後呢？從現在就開始難過，不就等於在不用吃苦的日子都用來吃苦，這不虧嗎？！所以我跟自己說，限期到來前努力解決，解決不了也要在限期那天才讓自己難過。我過去的苦日子實在太多太多了，所以在不苦的日子裏我就讓自己盡量享受生活。

其實這兩個小技巧，無非就是四個字：活在當下。

我永遠不會忘記第一次見心理學家時說的話。她問我，到這裏來的最大期望是什麼，我說我很希望從心裏笑出來，因為我不知道多久沒有真正地笑過了。在心理治療前一兩年，我已經發現自己的心一直在痛的狀態，那種感覺就像傷口好了，但還沒全好，還有一陣陣微痛的感覺。那是因為我過去不知道自己被困在很久以前形成的痛苦意識當中，每天只知道擔憂，不知道去享受平靜的日子。所以我必須學習如何活在當下。更何況我們還要工作，還要生活，還要社交，尤其當身處重要的場合時，我們更加需要控制好自己的情緒，所以迅速把自己拉回當下就是最好的方法。據我多年的實踐經驗，這種技巧用多了，心中的痛苦會隨之一點點地弱化。我不敢說我已經是控制情緒的高手。但有一點我非常肯定，就是那種無緣無故覺得難受，或是被什麼事觸動而掉入悲哀幻想中的時間比過去大幅減少，心理治療結束後兩年來，我的情緒都非常穩定。思緒也非常清晰，當感覺到情緒要失控時，也很快意識到自己老毛病又發作了，這點其實很重要！因為愈是明白自己的狀態，就愈能及時地調整。這樣，離完全擺脫陰霾也就指日可待了。

我知道會有人反駁道：沒有用的，我以前也試過。

那我就請你先別急於否定。然後回憶一下每次這麼做的情形。有沒有一邊跟自己說當下是什麼時間地點，一邊在心裏說沒用，沒用的。有沒有在特別難過的時候，跟自己說，算了……我是沒救了。還有就是，你試了多少回？你該不會認為嘗試了那麼幾回，你的痛苦就永遠消失了吧？從 2013 年底心理治療開始到 2021 心理治療結束後的兩年，我至少用了 8 年時間！與其說沒有效果，不如問問自己，是不是自己敗給了自己？痛苦的意識是來自長期遭受的傷害，不是一兩天而成。所以就別妄想試了一兩回，就覺得自己可以永遠擺脫痛苦。

相信又會有人說，學會活在當下又怎樣？控制好情緒又怎麼樣？我還是一樣缺錢，我的老闆還是一樣尖酸刻薄，我的家人還是一樣冷漠等等。那麼讓自己繼續活在痛苦中，錢就會從天上掉下來，眼前的問題就全部解決了嗎？我也是一樣，我已從長期的陰霾中走出來，我還是一樣的缺錢，我母親還是一樣的歇斯底里。但是，讓自己平靜地生活，總比擔憂著，痛苦著去面對生活好吧？

　　我母親就是沒法活在當下的典型。她的當下就是不讓自己擺脫過去，又沒法對未來抱有希望。結果呢？折磨她的人早已不在人世或已不再聯絡，她卻沒法給自己一次新生，而且還拒絕了所有的幫助與勸慰，她讓我更深刻地體會到，學懂活在當下，內心不再時刻被過去與未來牽絆著，才能騰出力量來面對生活。我還沒有強大到面對任何惡言都可以完全當作耳邊風，但我能比過去更冷靜地去面對。即使感到沮喪，也很快能從沮喪中抽離，不會一直被他人的惡言綑綁，有時還可以用更寬容的角度，去理解惡言背後的心情。

　　學會活在當下，不等於解決了眼前所有的問題，也不能立刻創造出巨大的財富。學會活在當下最大的意義，是使自己擺脫痛苦的掌控，找回自己的力量以及對生活的熱情。我很明白那種疲倦的心理，與自己搏鬥了這麼久，與現實周旋了這麼久，就只想過著沒有憂傷，沒煩惱的日子。但捫心自問，除了死人，有誰是一天煩惱都沒有過的？我們之所以比別人痛苦，是因為我們從小被原生家庭，被各種因素奪去了力量，所以我們必須拿回自己的力量，學會活在當下，是很重要的第一步。

真正的自己

人要為自己而活。

作為一句激勵人要看清自己，照顧好自己需要的名言，被人們廣泛傳播，並且在很多有書籍上見到。然而，在接受心理治療期間，我發現我們的社會，我們接受的教育，我們的父母與親戚們都給我們灌輸相反的概念：討厭自己，不要做自己，遺忘自己。

從出生起，我們的性別就未必符合父母的期待。別以為現在已經是二十一世紀了，性別歧視的觀念只是稍微減退，那種彷彿刻入骨肉中的，對性別固有的想法及定義，仍深深地影響著這個社會，光是職場上的差別待遇就可見一斑。

再來就是天賦與智商。所有孩子都是父母期望的那種聰明伶俐，完全不用操心的樣子嗎？當然不是！我們看到的是智商超羣，天賦異稟的孩子備受讚美與疼愛，甚至被傳媒爭相報導。但天賦智商平庸的孩子呢？就只能恨自己不夠聰明。

接著就是學習選科了，不管是過去還是現在，文學與藝術都被視為賺不了錢的。如果選擇修讀，就等於堵截了自己將來的出路。只有學習理科，才可能有光明的前途。所以喜歡文學的，只好遵從家長的意願，努力讓自己當上醫生工程師。而喜歡藝術的，也只好去學習可以讓前途更光明的數理化。當怎麼學都好像學不好時，就只好恨自己怎麼這麼笨了！

然後輪到外表與身高。

男人約定俗成的標準是什麼？高大，六塊腹肌，臉部線條分明，眉眼要英氣十足，總之就是要有男人味。因而，不夠高

大，長著一張娃娃臉的男人便有理由討厭自己。女人約定俗成的標準是什麼？瓜子臉、眼睛大、皮膚白，身材窈窕，骨架纖細。因而，虎背熊腰，皮膚黝黑的女士們，又是一堆理由嫌棄自己。

總之，社會有社會菁英群的一套標準，老師與家長都喜歡聰明乖巧的孩子，那些不合符標準的，比如我，就有千百個理由來討厭自己，也因此自卑了很久。直到我看到日本花式滑冰名將羽生結弦的一個訪問，我瞬間醒覺。多年來，我一直為達到社會標準而活，又因為達不到這標準而痛苦，但本來的我呢？我本來想做的事情，心裏真正的需要與喜好，都一直收在心底，不敢向任何人表露，如果某天，我可以創造一個屬於自己的世界，一切都任由我安排，不用去配合社會的標準，不用理會別人的目光，那麼我會變成什麼模樣呢？

其實沒有誰會不知道真正的自己，只是要配合社會，要符合父母的期望，我們才會把真正的自己收起來。我很記得我剛到香港定居不久，都會刻意去學香港女孩子們的舉止與談吐，說話時壓低聲調，言談間夾雜著一兩個英語單詞，並且盡量去叫對方的英文名字。我知道這是香港人的習慣，我沒有覺得這樣不妥或是不舒服，但我質疑自己為什麼要去裝，為什麼不敢去表現真正的自己。真正的我就是一名鄉下妹，就是很多三姑六婆們口中說的，女漢子、大大咧咧，沒有甚麼女人味的女人。不過，雖說很多方面不及香港女孩，但禮節分寸方面，我還是知道的。

說句實在話，身為女性在這世上生活了幾十年，到了今天，我仍然對很多女性們的行為感到迷惑。香港的學校，對中小學生的衣著打扮都有規定。但我的小學年代，也許是在不起眼的農村地方，學校在學生的打扮方面不算很嚴格，我們沒有校服，上學都是穿自己的衣服。也沒有明文規定髮型要怎麼樣，可不

可以戴首飾頭飾。所以在我的小學時代，身旁一堆女同學都是塗著指甲油，戴著耳環上學的。

我曾問過那些女生，為什麼要穿耳洞戴耳環？她們說這樣更漂亮一點。那我就很不解了，一個人好不好看，不是看五官的嗎？有耳環沒有耳環，對長相應該沒有很大影響吧？況且穿耳洞不痛嗎？我也問過那些手指甲腳趾甲都塗上甲油的女生們，為什麼要塗甲油？她們同樣說這比較漂亮。我又是很不解，有部分女生的手指腳趾又粗又短，塗了甲油不是自曝其短嗎？我還記得我曾跟一位網友說過，我不喜歡塗甲油，因為我覺得這與把自己的手腳弄髒沒區別。然後她就生我的氣。她生氣的理由是，我在說她是髒女人，但我只是說塗甲油像是把手腳弄髒而已，不是說她是髒女人呀…最後我托人給她帶了一份小禮物，給她賠禮道歉。

然後，我也很不明白，為什麼女生做什麼都要有人陪。去廁所要有人陪伴；上學放學要有人陪；走兩層樓梯去課室上課要有人陪；看個電影要有人陪；旅行要有人陪；外出吃飯要有人陪，並且每餐一定會吃剩一點點。雖然我真的認為以上事情完全可以一個人做，但在女生們長期的熏陶下，我多少也受到點影響。就是一個人去吃飯時，總覺得有很多人在盯著我，笑我只有一個人在吃飯。一個人去看電影時，感覺怪怪的，都不好意思到櫃台去買電影票，每次都用自動售票機，買的也永遠是最旁邊的位置。偶爾與別人去吃飯，看見人家食量不多，我即使還沒吃飽也不敢多點餐，明明吃得完，但還是要剩下一點點，因為害怕別人說我食量太大。現在想想真是罪過，我浪費了多少食物？以後我一定不讓這種事繼續下去！不夠嬌美又如何？不夠女人味又如何？我就是我，就是女漢子一樣的女生。

我不但不像女孩子，原來的我，很沒大志也不夠聰明，就是很多人口中沒有出息的孩子，數理化學得一塌糊塗。不想被

困在一個辦公室裏工作，也從沒羨慕過海景辦公室中那些總經理與 CEO 們，我真正喜歡的都是比較「動」的工作。我喜歡說話，幻想過可以在電台工作；我喜歡旅行，很想成為旅遊節目的主持；我喜歡音樂，很想學習古箏與鋼琴，想某天可以譜出屬於自己的歌曲；我喜歡畫畫與設計，雖然本身不熱衷打扮，但我很想可以給別人打扮；雖然我覺得首飾非常累贅，戴上項鍊脖子會很癢，但我很想看到別人身上有我設計的首飾和背包。

然而，我從小到大聽到的都是什麼？畫畫當作興趣就好，千萬別投進去，因為畫家通常在死後作品才值錢。家長們也總是說，要讀好書，將來賺大錢，讓父母過上錦衣玉食的生活。當演員？跳舞？沒長相沒身材，想想就好，千萬別站出來讓人笑話。

其實我知道，即使沒有這些雜音，我也很難走藝術這條路，因為我的家庭根本沒有支持我走這條路的條件。我只能硬著頭皮去走社會上大多數人認定的，前途光明的道路。但是這些道路根本不適合我，結果成了今天的一事無成。其實我一直沒有強求過什麼，我要的就只是一句肯定。如果某天我跟你訴說我的夢想是想走藝術這條路時，我想聽到的回饋不是哈哈大笑後再說道：別傻了，這樣很容易餓死，還害了父母。我也不是要聽到「我無條支持你，去追夢吧」這樣的話。我只希望可以聽到：哦，原來你也喜歡藝術類的東西？那你喜歡看什麼電影？喜歡什麼風格的畫？我有多少斤兩，我會不知道嗎？我只是希望有人聆聽一下我的夢想，即使實現不了，至少還能閒時拿出來說一說。

到社會工作後，我也有試過為自己的夢想出力。曾報讀過一些有關畫畫與設計的學習班。我不求成名，不敢奢望讓興趣成為工作，就是想做自己喜歡的事，也希望在這方面有點進益。但由於各種狀況，我這個小心願始終沒法真正完成。也許今生

這個夢想，就注定是個夢。但沒有關係了，年紀大了很多事情也跟著放下了。

原本的我，其實很喜歡也很相信超自然的存在。

這是我最不敢說向別人說的事情。因為怕說了會被人說我是瘋子。然而隨著自我認知一天天地清晰，那個一直被刻意隱藏的本我一天天地復甦，我知道這部分是我絕對不可以忽略的存在。如果說我很小的時候便喜歡各類藝術表現形式。那麼對超自然事物，對各種神仙精靈、妖怪魔物、神話傳說的喜愛，就是在我出生前已刻進腦袋的東西。

還沒有進入學校學習前，從鄰居那裏得到一本《西遊記》的小人書，書中那些仙女的形象，勾起了我無限的遐想。我經常想像她們在雲端起舞的模子，也會想像她們在天宮是怎樣生活的。後來，一張畫有聖母瑪利亞肖像的瓷盤，更觸發了我對西方宗教與神話的好奇。

當我開始有點零用錢的時候，我便開始買各地的神話集。《中國古代神仙圖鑒》、各地民間傳說、《天使事典》，全是我書架中的收藏，其中希臘神話我更是看得滾瓜爛熟。對那些漫畫家創造的獨角獸、仙女、花草精靈等形象我百看不厭，還經常在白紙上去臨摹這些畫作。有事沒事就去圖書館翻看那些精靈仙女畫集，即使現在已人到中年，這股熱愛在我心中也沒有絲毫減退，若不是礙於疫情，我還是會到圖書館中常翻看這些書。不怕人家笑話，我真的很希望能親眼見見獨角獸，與花精樹精們聊聊天。

1997 年，《哈利波特》系列小說誕生，但我在 2000 年的時候才偶爾在書店中看到。當我看完《哈利波特 —— 神秘的魔法石》以後，我對這個魔法世界的喜歡便一發不可收拾。然後不管是英文原版，中文譯本或是電影，我都一套不落地看完，還會看完再看。有時真的很不甘心我怎麼是個麻瓜，我很希望自己是個巫師可以進入魔法世界。我不一定要入讀霍格華茲，

但我很想到斜角巷走一趟,買一根屬於我的魔杖,再養一隻貓頭鷹,騎著飛天掃帚與牠一起在天上自由飛翔。

2011 年,網友家的一本「吸力法則」,為我打開了宇宙、能量、脈輪、星宿種子、高維度世界的大門。近這三,四年,我發現這個話題越發流行,很多大型的影音平台都會有分享靈性經驗與靈性修行的視頻,圖書館也多了很多這方面的書籍。但由於這些書籍上的知識都比較分散,如果真的要系統地去學習,要付出的費用不是我可以負擔的,所以我對這個靈性世界的認識都一直停留在皮毛的部分。但我很肯定,這是我嚮往已久的世界,當翻閱有關這個世界的書籍時,總是感覺很親切很踏實,還有一種隱約的幸福感,就好像找到了自己真正的家一樣。

很多旁人認為,這些都只是在逃避現實,荒謬至極的東西。所以,過去我苦苦壓抑自己不要有這些奇怪想法時,也用這種理由來說服自己。但當我真正去瞭解後才明白,靈性世界或靈性修行不是叫人沉迷在虛無飄渺的幻想之中,終日無所事事,不務正業。而是讓自己的內在不斷地成長,並且相信命運真正的主宰是自己。靈性世界也給了我另一個角度去面對曾經承受過的挫敗與苦難,讓我有更強大的能量去迎接日後的生活。

我的外表就是這樣,這就是我。

16 歲前的我沒有很大的容貌焦慮,雖然身材為我招來侮辱與侵犯。但我一直沒覺得這是我的錯呀,所以 16 歲之前我在這方面一直都是沒心沒肺。到了 16 歲,人長大了,審美觀也形成了,才發現自己的骨架子與身上的脂肪都遠超出一般女孩。腿粗,腰粗,屁股大,穿起褲子一點都不好看,很多漂亮的衣服,都因為太胖而穿不下。就在那個時候起我開始嫌棄自己,從此穿什麼衣服成為了我一個很大的煩惱。因為腿粗腰肥臀圓胸大,看上去像一個大冬瓜,於是我把胸圍帶扣得更緊一

些，把胸部壓扁一點。衣服也全是寬袍大袖，衣長一定要過臀部，來掩蓋圓臀與粗腿。這樣的穿衣習慣我維持了很多年。直到 2015 年夏天的某天，我經過商場裏的一家服裝店，看見一條陳列在大門口的藍色裙子。頓時跳出一個想法，天氣太熱了，不如就買下這裙子來穿吧。再看看價錢，一點都不貴，於是我不再猶豫，立刻拿起一件 XXL 到櫃台結帳。

從上次穿裙子到 2015 年，我已經 17，8 年沒穿過裙子了，我看著鏡中穿著裙子的自己，發現不僅整個人都涼爽了，穿裙子似乎比穿褲子更能掩飾我身材的缺點，於是從 2015 起，我全部的衣服都換成了裙子。我也不知道為什麼，從穿上裙子的一刻，我的心理就產生了變化。過去不敢穿裙子，是因為覺得小腿太粗，穿裙子不好看，可是當穿上裙子後，瞬間覺得小腿粗就粗，我舒服才是最重要的。

我過去對自己的長相也沒有很多的想法，又不是當演員，想那麼多幹嗎？對於美與醜也沒有很具體的概念，雖然親戚們會嘲笑，但因為不是經常與他們見

面，所以都沒有太放心上。以前也有人說我眼睫毛長，說我的雙眼皮很深是不是去哪裏整容，我都沒有什麼感覺。因為我從來不去認真計較眼睫毛長是不是代表好看，雙眼皮單眼皮哪個更叫人喜歡，我全都沒有在意過。過去的世界太苦澀，相比起那些經歷，容貌根本不算什麼。

我開始接納並且欣賞自己的長相，也是 2015 年的事，那時候已經展開了心理治療。我的心境也產生了很多變化。某天我看著父親的照片，再看看母親的照片。他們都不是長相出眾之人，但我似乎比他們倆都好看。就是那一刻起，我整個人都豁然開朗了。人真的不要與別人比較，而是要與自己比較，尤其是一些沒法改變的事實。我絕對不是看不起父母的長相，但是以父母這樣的基礎，上天卻給了我這種基礎之上的長相，我

難道不應該為此而感恩嗎？我無意嘲諷任何人，因為我也是從嘲諷中走過來的。我只想道出我在尋找自己，記起自己的過程中所學習到的一件事：把煩惱的點聚焦在容貌是最傻的。

我當然知道長相不如人的那種心情，我小時候被男生們嘲笑得多慘呀！要由衷地喜歡自己的長相身材不是一件容易的事。再加上社會上約定俗成的標準、媒體傳來的資訊、旁人的各種說法與評價，都給我們提供千百個討厭自己長相身材的理由。要改變外觀也非常困難，光是減重就不知道要付出多少汗水與毅力了。更別說與生俱來的長相，即使願意化大量金錢，用醫學手段把自己改頭換臉，但看著變臉後的自己時，其實內心相當不踏實，或許還會帶著一個很大的心理包袱度過餘下的人生。

而且，無數的先例告訴我們，容貌不是導致人生不如意的主要原因。記得多年前香港八仙嶺一場山火中，一位學生年紀輕輕便燒至面目全非，看上去醜陋又古怪，但他最後不但拿到了碩士學位，還順利地結婚生子，擁有幸福家庭。容貌或許是一道障礙，但更重要的是面對容貌的態度。那些把罪過歸究於容貌的人，其真正的痛苦根源是對容貌的嫌棄形成的扭曲心理，這些扭曲的心理影響了個人的性格與行為，才致使工作處事上屢屢受挫。

但很可悲的是，許多人不願意承認，不肯在自己設下的局中清醒，還以容貌作為藉口，來為自己的懦弱與不作為掩飾！其實世上值得我們傾注更多精力的事情很多，如果把注意力集中在容貌上，就只會把自己推向瘋狂。

人要在這世界活得快樂實在太不容易了！因為這世上有太多的標準，太的規條，太多的要求，讓我們一步步地忘記自己的真實想法，丟下內心真正的需要，無底線地迎合世界，迎合所有人的眼光，希望藉此得到認同與讚賞。然而在得到肯定的

背後，又有多少人陷在表象與真我衝突的痛苦中？

　　我不否認，我們大多數的人都不可能只為自己而活，我們還有家人，我們還有很多必須要負的責任，我也不是要鼓勵誰這樣拋開一切只做自己，我只是希望我們都不要忘了原來的自己。即使每天營營役役，我們都要記得為真正的自己留一些空間。就比如我，當不了設計師，我也照樣去畫設計草圖。做不到旅遊節目的主持，我也照樣把旅行的心得與感受寫下來，透過這些做法，讓真正的自己可以喘息。當然，如果你有做自己的條件，在不害傷人，不違反法紀的情況下，就盡情去做自己想做的事，盡情地為自己而活吧，畢竟世上沒有比活出真正的自己更快樂的事了。

強大必須靠自己！

　　最近在 Youtube 中看到一個視頻，內容是對一些綜藝節目的觀後感及意見。這次作者觀看的是一個時裝設計比賽，當中一位身材壯碩的女設計師因為無法與隊友友好相處，為隊友添了不少麻煩，導致團體賽拿不到好成績，也讓觀看視頻的作者非常無語。

　　不過，我覺得更值得看的不是視頻，而視頻下的留言。

　　這位女設計師之所以沒法與隊友好好相處，是因為過去在學校受過霸凌，造成了心理上的缺失，她非常地渴求被愛，希望隊友們都呵護她，都聽她一個人的意見。結果可想而知，大家因為意見不合，做出來的作品水準參差，還差點輸掉了比賽。因此，觀眾們對這位女設計師都議論紛紛。

　　支持的一方表示，非常理解女設計師過去被霸凌所受的苦，這些經歷不是所有人都可以理解的，因此沒有此種經歷的人不應多加指責，既然大家都知道她的痛苦過往，就該多點體諒她。反對的一方則表示，可以體諒這位設計師的痛苦，但她不可以事事以痛苦為藉口，要求隊員們遷就她，這樣做不但讓大家的分歧加劇，還會連累整隊人輸掉比賽。雙方的留言我都能理解。過去的我與這位女設計師幾乎是一模一樣，但現在的我，卻是成了反對的那一方。因為兩種情況我都有過，所以我想我是有點資格出來說幾句的。

　　影片中的女設計師，在做團隊項目的時候，一直強調自己曾在校園受到過霸凌，總是下意識地要求隊友們包容自己，並且全盤接納自己的設計。然而這是一個團體比賽，如果她的作

品保證能贏得此次比賽，那麼大家聽她一回也是無可厚非。但她的作品遠沒有達到這種水平。而且其他成員，每位都想贏，每位都有自己的設計理念，大家難免會有意見不合或相互批評的時候，而這位女設計師似乎接受不了任何批評。當有人對她的作品提出改善意見的時候，她第一時間做的不是認真考慮他人的意見，看看有什麼地方需要改良，而是以一種受害者的姿態，要求別人應該多給她一些包容。心軟的隊友都會儘量遷就她，並且為她說話，但另一些隊友則認為這是一個比賽，大家不能盲目遷就她。整隊人就在這種不協調的狀況下比賽，大家都被她而弄得身心疲憊。

我相信留言當中，支持女設計師的網友們大多都是與這位女設計師處於同一種心理狀態，就是求被愛，求理解，求呵護，他們在做出這種行為時，大多都是無意識的。因為這樣的渴求在長期的痛苦歲月中已變成了本能一樣的心理，就好比人餓了會自動找食物一樣。他們的餓，是因為長期缺愛，而他人的關心與愛護，便是他們的食物。所以當走進一個集體當中，便會攤開自己的傷口，希望他人能滿足自己，填補內心的缺失。過去我在教會的時候，雖然不至於像女設計師般讓教友們感到疲憊，但做出來的事遠比女設計師幼稚可笑。

那個時候，因為看了不少日本動畫。這些動畫中，主角們因為過去受到過傷害，所以把自己的心封閉了，總是沉默寡言，獨來獨往。但當他轉到一所新的學校或是去到一個新的團體後，總有一位熱情開朗的人主動接近他，逗他開心，一點一點地溫暖他的內心，讓他再次打開心房，重新回到昔日健談活潑的樣子。受這樣的動畫影響，我進教會不久，就是擺出一副不愛笑，冷淡安靜的姿態，希望教友們能主動接近我，用他們的關心幫我從苦悶中解脫出來。但漫畫是漫畫，現實是現實。

現實是，當你擺出一副高冷模樣，大家就會很自然地認為，

這人怎麼了？總是一副撲克臉，好像很難相處的樣子。於是便會自動疏遠你，沒幾個人會像漫畫那般，在不熟悉的情況下，主動去為你掏心掏肺，千方百計地去瞭解你高冷背後的原因，務求能把你拯救於水深火熱之中的。如果真有這樣的人，他要不就是有過相同的經歷且心懷大愛，時刻希望用自己的經驗幫助他人。要不就是你長相非常出眾，出眾到即便覺得你難相處，還是願意接近你。否則，你就繼續的你高冷姿態等待天使從天而降，他人繼續他人的美好生活與你毫不相干。

當發現這樣的做法得不到預期效果時，我只好放下姿態，主動地接近他人，主動向他們吐露自己過去的痛苦經歷，希望他人知道後會給予安慰。其實這種做法比擺出冷淡姿態更不可取。因為當你一次，二次，三次……從別人那裏嘗到被人安慰的溫暖後，內心的渴求便會難以遏止地擴張。在教會的 8 年時間裏，我只要一有機會就會找人傾訴，我想以強調自己的苦來獲取別人的關注，我希望他們會多照顧我的感受，更希望他們能經常陪伴在我身邊。我的心就如是一個無底洞！不管他們說了少多安慰的話，做出了多少實際上的支持，都好像填不滿我心中的洞窟。我記得一名教友曾對我說過，要解決我的問題很簡單，就是找到一個很愛很愛很愛我的人。在第二輪心理治療時，社工也曾跟我說過，其實你需要很多很多很多的愛。

我當時聽到他們這樣說時，心裏是有些不高興的。這不是廢話嗎？如果我不缺愛，又怎麼可能淪落到這種地步？尤其是那位教友說的話，讓我特別的生氣，你明明知道我找不到這樣的人，說這種話不是在嘲弄我嗎？但到現在我才知道，他們當時是以另一種方式告訴我，我那種對愛與關懷的渴望已到達丘壑難填的地步，是時候作出改變與調整了。但那時不懂，那時就好像支持女設計師的留言者一樣，認為別人沒有過與自己一樣的經歷，不理解自己，還說是基督徒，還說什麼信望愛，其

實一點都不信望愛！如果真的有信望愛，為什麼明知道我在受苦，都不給予我多一點愛呢？所以最後，我悄悄地離開了教會，連道別都沒有說。

現在當然知道，這樣的渴求對他人來說是不切實際的苛求。首先，不管有沒有信仰，每個人都有自己的事情要做，有自己的家庭要照顧，他們也有自己的問題與苦惱，所以沒有誰有義務來時刻陪伴你，理解你，給你安慰的。其次，這世上大多數的人都沒有受過專業的心理輔導訓練，所有安慰的技巧都是從媒體，或是生活中總結出來的。但是每個人的經歷都不一樣，所以學到的技巧也不是對所有人都適用，要不然怎會出現那麼多正確的廢話？但這些都不是安慰者該負的責任，也不是他們的錯。再說，這世上沒有人喜歡總是表現出一副悲苦模樣的人。有過相同經歷或是熟悉你的人，當然會明白當中原委。但在這些人以外的人眼中，便會很疑惑這個你怎麼如此的情緒化？怎麼總是在求安慰？怎麼對你說了那麼多安慰的話，卻仍是這個悲苦的樣子，一點改變都沒有？最後，當覺得該做的都做了，該說的道理都說了，你仍是毫無起色後，人家就只好選擇疏遠或離開。而貪圖他人安慰的人，也許只懂停留在原地，不知道為什麼大家都遠離自己，為什麼沒人愛自己，殊不知是自己無意識的貪婪，把所有的善意都嚇跑了。

清醒後的我，就成了不支持女設計師的一方。是的，我們有權感慨自己過往的痛苦經歷，我們可以適當地宣泄自己的痛苦與不滿，我們也可以向親朋好友，專業人士求助。但我們不能因為痛苦而無休止地從別人身上索取能量。如果真的希望改變這種痛苦的狀態，讓自己重新感受幸福，就必須有所醒覺，要清晰地明白一件事：即使關係再親密的人，再怎麼真心的朋友，他們的愛與關懷都只是一種助力。不管他們怎樣的同情你，憐憫你，愛護你，他們都沒辦法成為你的雙腿，去替代你走出

因住你的痛苦漩渦。你的原生家庭只能你自己去面對，你的工作是你去完成，你吃飯走路睡覺，也你自己去做。即使與你經歷相似，但每一下的心跳，每次思想的掙扎與變化，就只有你自己最清楚。所以，要擺脫情緒的控制，要強大起來，必須的，唯一的就是靠自己！靠依附別人的力量才能好好生活，就等於把自己的快樂交由別人來操控，若對方某天厭倦了，覺得你無可救藥了，只要一個輕蔑的眼神，一兩回不聽你的電話，你的世界便立刻崩塌！這樣的人生不但可悲，也不配得到同情與憐惜，我們為什麼要把自己弄得這般虛弱？

從傳統的「成功」中跳出來

成功的人生是怎樣的？

我相信絕大部份的人都會跟我過去的想法一樣，成功的人生，首先要學歷高，有體面高薪的工作。其次是入住高尚住宅，出入以名車代步。然後就是有匹配的伴侶，最好是兒女成雙，孩子們都乖巧聰明，不管品行或課業都不用操心。雖然每個人的人生都不一樣，但若說擁有以上條件的人是成功人士，相信沒有人會反對。所以，像我這種從內地到香港定居，身無長物，一直在社會底層苦苦打拼的人就很容易陷入「我太失敗，我只是爛泥」的自卑當中。

在做現在這份工作之前，我大概做過五份工作。其中兩份是我自己辭職，而另外三份是被公司辭退的。

我第一份被辭退的工作，是在一家標籤印刷公司裡當職員。5000 港元的月薪，包括了會計、出納、文書處理及單據輸入。但其實我能做的就只有單據輸入，其他的工作根本就沒有時間去做。因為每天工廠送來的單據都是大疊大疊的，我又是新手，每天工作 12 個小時都做不完，偶爾打錯了數字，還要老闆輸入密碼才可以修正。我承認我工作的效率是不夠高的，但那些單據實在太多太多了，眼前這些還沒有做完，又有新的送過來。為了加快速度，我把吃飯的時間縮短，水也不多喝，減少去洗手間的次數，在沒有任何加班費的情況下每天加班 4 個小時，手腕都因為抓著滑鼠長時間與桌面摩擦而微微發痛了，可我還是應付不了。但當我開始熟練時，老闆就再也忍不了我的低效率而把我辭退了，那時我進了這家公司才三個星期。回

到家中，我發現工資竟然算錯了，最後還要透過勞工處追討回來。我很記得我離開的時候，一位同事拍著我的肩安慰說道：「沒有關係的，這個職位實在是辛苦，上一位同事也是因為太辛苦而辭職的。」雖然她是這麼說，可我還是覺得自己很沒用！

我第二份被辭退的工作，是在一家進出口公司當銷售。每天的工作就是不停地打電話給別的公司，問他們需不需要出口配額。但我這種臉皮比紙還要薄的人，要拿到業績談何容易？更讓人哭笑不得的是，老闆娘覺得我在打電話時跟別人說「謝謝」，「不好意思，打擾了」，「對不起」這樣的話是一種虛偽，所以才三個月的時間，老闆娘便請我離開了。

我第三份被辭退的工作，是在一家公司裡當活動幹事。主要的工作對象是中老年人，給他們安排旅遊、學習班、節日時還負責統籌一些表演、宴會及嘉年華攤位等等。比起之前那些我不擅長且不喜歡的工作，這份工作我幹得順利多了。然而某天辦公室裡來了一位年輕男士。一開始主任說是我與他一起搭檔工作，但我卻隱約感到不妙。果然不久後，我的不妙預感成真了。一天早上，主任把我叫到辦公室對我說：「不好意思，我實在沒法子留你了，如果可以，我也很希望把你留下⋯⋯」。後來我才瞭解到，這位年輕男士的父母跟這家機構的淵源甚深，這位年輕男士可以上大學，也是靠這家公司。所以，我只不過是一個過渡，當這位年輕人學成回來，便是我被辭退的時候。我當然不服氣，因為我真的幹得不錯，有些老人家還當面稱讚過我。可是不服氣又如何，誰叫我只是白丁一名，沒有任何人脈關係可以倚靠。

另外兩份工作，雖然沒有被辭退，幹的時間也長，但因為年輕，處事不夠聰明，經常被同事們取笑戲弄，我也因此吃了不少的苦頭。

三番四次被辭退，又被同事們戲弄，回到家中又得不到家

人的理解與支持，很自然地就會掉進「我不行」的漩渦中。再加上我本來就處於傷痛的狀態，幾方面的挫敗之下，我試過連續三個多月沒有一天可以睡得好，有時還會半夜哭起來，一直哭到天亮。那時候我甚至向上天祈求，祈求晚上閉上眼睛，明天就不會醒來，因為我感到前路茫茫，以後的日子不知道該如何走下去。直到某天我突然產生一個想法，就是不倚靠公司，靠自己的專長去賺錢。正好那個時候內地與香港的經貿關係越來越緊密，許多與內地有商貿來往的人以及學校都學習起普通話來。而我唯一的本事，就是普通話說得不錯，於是考了證書，把信息放到網上，希望可以藉此找到另一條出路。

到現在，我教授普通話已經快 12 年了。這 12 年的時間可以簡單地概括成八個字：戰戰兢兢，起伏不定。若不是父親有退休金，母親有生果金與老人津貼，以我這份收入，根本不可能支撐起這個家。但這份不穩定的工作卻給了我很多的自由時間，讓我有時間去處理心理上的傷痛，也多了很多學習新知識的時間，這是一個比賺錢更大的收穫。

為了能讓自己從痛苦中走出來，除了心理治療外，我還嘗試了很多其他方法。在不用工作的時間，我都會到圖書館去，翻閱各種有關治癒情緒的書籍。其中一本《零極限》的書中有一句話讓我印象特別深刻。

「你想要什麼？財富？美貌？權力？知識？愛情？其實你真正想要的是快樂。」

是哦！真是一語驚醒夢中人！辛辛苦苦地讀書，是為了拿到耀眼的文憑；然後找到一份好的工作，創造豐盛財富；有了財富，就能享受優質的生活；而最最最終的目的，就是享受優質生活的輕鬆自在，悠閒快樂呀！然後我又在另一本書《有求必應》中看到一句話：記住，我們要創造的不是成功人生，而是快樂人生。兩句話加起來，我有醍醐灌頂之感，過去這麼多

年，我為這所謂的「成功人生」虛耗了多少時間？而這世上又有多少人與我一樣，被主流的觀念帶動著，認為成功人生＝快樂人生，而一直在各種不適合自己的工作中掙扎求存？

我絕不否認這套傳統的成功人生模式，但我覺得我不適合這套模式，而且這世上有很多人與我一樣都是不適用者，但世界的主流就是這套模式，即使我們是不適用者，也只能被牽著走，為此我們都吃盡了苦頭。當我知道到我奮鬥的目的應該是得到真正的快樂時，我覺得我身上的某個枷鎖被解開了，讀書沒有天分，找不到好工作，我就真的是廢柴了嗎？不！我只是一直走在不適合自己的路上。

人們常說每個人天賦各異，有人擅長讀書；有人擅長經商；有人擅長藝術；有人擅長溝通⋯⋯但我們的社會卻把人生總結成了一套模式：從出生到進入名牌幼稚園，名牌中學，名牌大學（外加各種才藝）到進大公司工作到一步步晉升成高層，到組織幸福家庭到生兒育女，再讓兒女重複一次自己走過的路。這樣的人生，無疑是最平穩的，也是最讓父母放心的。所以潛移默化下，我們都不知不覺地忘記了自己本來的愛好與天賦，每天努力學習就是要達到父母的要求，迎合社會的標準。在這種默認標準的影響下，人們大致分成了四類。一類是非常適合這套模式的，也很喜歡這套模式的人，他們的人生是值得驕傲且讓人羨慕的。第二類就是適合這套模式卻不喜歡這模式的人，我覺得很多世界級的富豪就屬於這類人。第三類是不適合這套模式，卻很認同這套模式的，這類人與我們一樣，過得特別辛苦。而第四類便是我這種，既不適合這套模式，也不喜歡這套模式的人。

捫心自問，我過去學習是很努力的，而我也是個守紀律，從不惹事的乖學生。但我在學校遇到的是什麼？校園霸凌！學習方面，我在數學方面真的沒有天賦，無論老師說多少遍，我

都一知半解，儘管已買了很多數學習題給自己做訓練。但因為沒有人可以請教，做著做著太難了，就做不下去。隨著年級漸高，我的數學成績也跟著愈差。但老師與父母都只會批評我太笨，說我沒有用心學習，卻從沒有想過我面對數學時的無奈與心力交瘁。後來勉強學習計算機及電機，4年下來，我完全是渾渾噩噩，沒有學到實質的東西。來香港生活，我這樣的學歷根本不會被承認，所以只能做一些基層的工作。成為了父母眼中，社會價值觀念中，也是我自己心中最沒出色，最沒有用的人。往後很長的時間裏，為口奔波，浪費時間自責就是我的日常。

當我走出了陰霾後，我問自己，如果此時此刻自己變成一位觀眾，坐在電影院中望著大銀幕，而放映的內容，正自己過去的種種，我會看到什麼？想到什麼？我想我會看到一個咬著筆，望著數學試卷焦頭爛額的女孩；我看到那個回答不了數學老師問題，被老師批評得無地自容的女孩；我看見一個拿著僅僅及格的試卷，蹲在家門樓下哭泣著，不敢回家的女孩；我看到一個一邊罵自己太蠢，一邊狠狠地把自己的頭打腫的女孩；我看到一個在日記寫道怎樣死的才可以舒服一點？為什麼我不夠勇氣死的女孩……我看到的不是她有多笨，不是她如何不夠努力，如何辜負父母的期望。我看到的只是一名被學科折磨得很可憐的女孩，猶如一頭被硬拉上樹的小牛！人們只會怪牠太笨重，怎麼都拉不上樹，卻沒有人注意到牠眼中的淚水，牠適不適合被拉到樹上。以旁觀者的角度，我很想好好地安撫這個孩子，讓她在我的懷中盡情哭泣，讓她把所有的委屈痛苦傾吐出來，告訴她不用再痛苦下去，因為她能做的都能做了，她只是不合適，她並沒有錯。

同樣，如果換成是你，當你變成觀眾，看著屏幕中自己過去的種種時，你會看到什麼？又會想到什麼？我知道每個人的

經歷都不一樣。但當你肯誠實地直面自己的過去，你會發現其實很多的錯都不是你的錯。比如不夠聰明，不夠聰明是錯嗎？那是上天的安排。比如說沒有光耀門楣，那麼我想問問父母們，養孩子是用來充面子的嗎？又比如在工作上表現不夠好，那麼真的是自己懶散不認真，還是為了家計，為了滿足父母，做著自己不合適的工作，因而影響了工作表現呢？我不是教人為自己找藉口開脫，而是人的情緒出現問題，其中一個原因，就是長時間習慣性地把所有的錯都歸究於自己。我們本來就因原生家庭吃盡了苦頭，如果我們再把一些不是我們的錯再往身上攬，這樣只會讓我們的情緒更加脆弱繃緊，完全是百害而無一利。所以我們必須要好好整理自己，把一些不是我們該負的擔子卸下，讓自己從傳統「成功」定義的約束中跳脫出。

　　自我十多年前開始每天接觸小朋友後，我就愈發覺得我們接受的教育都充滿矛盾。一方面說天生我材必有用，另一方面卻催迫孩子在傳統學科中拿高分，根本不打算讓孩子發展天賦。一方面說條條大路通羅馬，另一方面又教育孩子除了上大學沒有別的出路。一方面說職業無分貴賤，另一方面又鄙視那些基層職業。一方面強調眾生平等，另一方面又把人分三六九等，教育我們在長輩權貴面前俯首屈膝，卑微恭順，縱容長輩權貴利用自己的地位任意妄為，橫行無忌，還美其名曰這是「禮」。這種延伸了幾千年的「禮」傳統，我並不妄想三言兩語就可以改變。而那些達官權貴，中產人士與長輩們也請繼續享受你們的高等地位和驕傲。但作為基層的我們，即使身體與工作都局限於這種傳統模式，但我們的內心卻可以從這種模式中釋放。成功的人生並不等於快樂的人生，但快樂人生必定是成功的人生，只要我們問心無愧，我們找到適合自己的模式讓自己活得快樂，那我們就成功了。那些社會的標準，默認的定義，我們可以尊重，但不應用來束縛自己。

該死的「高情商」

　　我想有不少人在日常生活曾遇過這類人：他們也許是親戚，也許是身邊的同事，甚至是第一次見面的人。在見到你的時候，都會說一些非常難聽的話。比如：嘩，你真是胖，有幾公斤呀？又比如：不見一段時間，發現你變醜了，真是越長越醜。你會看到他們不像說笑，又不像是認真的，而是用一種玩味的眼神看著你，看著你聽到這些話後的反應。

　　這種話，我想再大方的人聽了都會感到不舒服。所以若你忍耐著不做出任何反應的話，對方會因為你不快卻又不能發泄出來的樣子而暗暗自喜。但若你忍不住反唇相譏，他們就會說：說說笑而已，別那麼小器！你的情商不夠高，要多訓練。總之，就是要忍氣吞聲，做出一副高情商的樣子，否則他們都會認為你錯。以後，他們同樣利用「高情商」作為理由，為他們的生活增添樂趣。

　　在這方面，我曾吃過不少的虧。

　　二十出頭的時候，我曾在一家醫院當個打雜員工，部門裏大部分都是年紀較大的女人，有些連孩子都比我大。所以當時年輕的我就成了她們的新玩具。我很記得入職沒幾天，她們就拿我的感情事來開玩笑。先是問我有沒有男朋友，我說沒有時，她們就說要給我介紹。看見我跟某位未婚的男同事多說幾句話，就會問我是否看上人家。看到新來的年輕主管，就叫我去追求他，總之無時無刻都在我身上找樂趣。其中有一位五十歲左右的女士玩得特別興奮。我進部門的第一天，她就喊我小媳婦，說一定要把兒子介紹給我認識。即使我已再三強調現在根本沒

有戀愛的想法，她仍然玩得樂此不疲。

　　後來有一位同事看不過告訴我，她根本沒有兒子，只有一位正在讀中學的女兒。聽了同事的話我十分難過，我難過的不是她沒有兒子，我難過的是，我不過是新來的員工而已，之前與她素未謀面無怨無仇，可她一看見我就存心戲弄。更讓我難受的是為了要表現出「高情商」，不能在她面前發怒。但我不想被她一直玩弄下去，就在某天吃午飯的時間，她又在高談闊論她的兒子怎樣怎樣時，我便歎了一口氣說道：「你真的有兒子再說吧。」

　　她驚呆了一下，問為什麼我說她沒有兒子。我十分老實地回答，是某某告訴我的，我還告訴她不用生氣，即使她有兒子，我也沒有任何幻想。接下來我看到了一場小鬧劇，就在我說完這話不久，那位某某進來，這位一直戲弄我的女同事一見她便斥責道：「你怎麼可以說我沒有兒子！我兒子前天才與你一起喝過早茶，你竟然咒我沒有兒子？！」連旁邊吃花生的人都忍不住笑道：「夠了，到這種時候你還在裝？」

　　這件事過了一段時間後還有餘波，有人私下告訴我那位女同事氣極了，若不是有人拆穿她，她還可以繼續玩下去。還有人跟我說情商別那麼低，在這麼多人面前拆穿她，讓對方面子掛不住。我當時腦中的反應是：情商低？不被人玩弄就是情商低？？是她戲弄我在先，但錯的反而是我？還有，那些同事與她共事多年，所有人都知道她只有一個女兒，為什麼面子會掛不住？

　　在教會時，我也同樣遇到「低情商」的問題。當然我也承認那時候的自己情緒是出現了問題，我經常在他們面前暴露自己的脆弱與無助，渴望從他們那裏得到安慰與理解。當他們說我情商低時，我特別的沮喪。我懊惱自己總是起伏不定的情緒，但同時我也不明白。只要我流淚，說了幾句激動的話而已，怎

麼在他們眼中，我就是失控，就是情商低了？我不否認我是有
情緒起伏，但我並非神智不清，不是不知道自己當時的言談與
行為，即便痛苦，我也有極力克制，儘可能減低別人的不舒服。
但他們動不動就說我低情商，這使我相當疑惑，難道活得像木
頭一般，完全沒有半點情緒才是情商高嗎？這一點讓我一直沒
法釋懷，即使離開教會多年，仍對那群教友耿耿於懷。

後來我發現，過去我對「高情商」的認識，都來源於一些
講述專業人士的影視作品。香港一些描述專業人士的電視劇都
拍得相當好，尤其一些關於律師與醫生的電視劇，編劇們都喜
歡把他們神化與聖化！多年前的《一號皇庭》與《妙手仁心》
都是講述這些專業人士的經典作品。當中的律師醫生，不僅專
業能力優秀，恪守職業道德，當遇到重大問題或是遭受打擊時，
都以一種十分理智，十分克制的態度去處理，務求不打擾到任
何人，或者在別人發現之前已經把事情處理妥當。自小看這種
電視劇長大，很自然地認為高情商，就是極致的理智克制，即
使泰山崩於前，都不會把情緒外露，不會讓別人有一點不舒服。
我的那群教友，大概也是這樣認為，所以當他們看見我哭，看
見我稍有激動的時候，便認為我失控了。但當我有機會接觸到
真正的醫生與律師後，才知道自己中電視劇的毒很深。

但是過去的我，對這默認的定義是深信不疑的，我相信絕
大部分的人也有同樣的想法。這讓我不禁同情起那些活在鎂光
燈下，受萬人矚目的明星們。我們這些普通人在面對同事們的
百般戲弄時，也得忍氣吞聲，寧願辛苦自己，也要讓他們心情
愉快。而那些名人明星們，面對的可是千萬雙眼睛，但是在故
意為難自己的記者面前，在看到失實報導或受到網絡攻擊後，
也只能以一張笑臉去應對。光鮮亮麗的背後是多少隱忍與淚
水？我們難以想像。

但情商高就等同於隱藏真實的情緒，任由旁人如何嘲弄攻

擊，都要保持笑臉，不吭一聲嗎？不是的！根據我在網絡上找到的資料，高情商的定義有三點。

第一是對自己與他人情緒的感知與認知。

第二是控制好自己的情緒，包括自己的情緒對自己行為的影響。

第三點是關注他人意願。

我不知道這是誰提出的定義，是否有權威性，但我個人是非常認同這三點的說法。根據這三點，我可以判定，其實不是我們低情商，是低情商的人把我們拖進了低情商。

第一點與第三點，對自己與他人情緒的感知與認知及關注他人的意願。我的舊同事，他們明明知道做出這樣的行為，問一些尷尬的問題，會讓對方的情緒變差，但他們都不當一回事。他們只關注自己有沒有取得樂趣，卻不去關注他人被戲弄的難過。也就說是第一點與第三點他們都做不到。相反，被戲弄的一方，要感知對方的情緒，甚至公眾的情緒，還要極力控制好自己的情緒，儘可能不讓情緒影響到自己的行為。這樣說起來，到底誰才是低情商的那一方？

所以，我們必須從「高情商」的誤區中跳脫出來，看清楚到底真的是我們的情商有待提高，還是說這只是部分人用來把自己的私心合理化的藉口。娛樂記者們與一些觀眾會說，你既然當明星，就知道一定會遇這種事情，有什麼好抱怨的？這句話在我看來，就等同於一個猥褻犯在法庭上對法官說，這女人既然穿短裙小背心外出，就該料到會被人非禮，所以我的做法是合情合理一樣無賴！人家穿短裙小背心，是人家的自由，但犯不犯法，主導權在於你！人家從事演藝，接受訪問是工作的一部分沒錯。但用什麼言語評價他們，要求他們回答什麼樣的問題，主導權都是在大眾與記者身上。有點常識都知道什麼樣的言語會讓人難受，什麼樣的問題會使人尷尬。但明知道後果

還是繼續採取這樣的行動，那就不如承認不是人家情商低了，是你用「高情商」作掩護，來合理化自己不良好的意圖吧。

回到我們普通人中，那些經常嘲笑我們的親戚，那些經常對我們說三道四的工作夥伴，當我們表示出不滿時，他們用高情商來讓我們閉嘴，其實就是在合理化他們想要戲弄我們來取得樂子的企圖而已。所以不要因為他們的行為，傻傻地去怪責自己，真正有錯的是他們！也請那些喜歡利用「高情商」來欺負他人的人，要求人家高情商時，就請你自己先高情商！

我說這些，不是希望大家不要理會「情商」這回事。當人長到一定年紀就應該對世情有所認知，要懂得自律，要知道在什麼樣的場合做什麼樣的事，說什麼樣的話，要懂得評估自己的行為會帶來什麼樣的後果，這是一個成年人，一個成熟的人該學會的。但我們要提防不要讓自己掉進別人設的「高情商」陷阱中，認為自己情商不夠高，哪裏做得不夠好而自責。尤其我們這類在情緒與心理上負荷過重的人。

當遇到像我那些舊同事一樣的人，見面就喜歡用說笑的形式損人，又或是用前輩的身份來戲弄的人時，我們先別習慣性地把錯誤推到自己身上。在這樣的情形下，我們必須要相信心裏的判斷。分明就是這些人不懷好意，不尊重人，我們覺得難過甚至憤怒都是正常的反應，是他們把快樂建立在別人的痛苦身上，我們不需要為他們的惡劣行為買單，不要把「小器」、「低情商」往自己身上推。

如果還是感覺不踏實，我們可以用上「高情商」的三個準則問自己：有否感知自己與他人的情緒？有否讓情緒完全掌控了自己？有否顧及他人的意願？其實我還有一個更簡單的準則，就是我們有否以尊重的態度去跟所有人相處？如果自問有尊重他人，那我們為什麼不可以站在自己這一邊呢？還有，那些自以為看得很透，思想境界高人一等的人，你們也許會說出

來社會，不可能遇到每一個都是好人。那些明星，既然站到公眾面前，就要接受沒有隱私、無理攻擊，不被尊重等。然而是嘲弄後輩，去攻擊抹黑沒有犯錯的明星，本來就是一件錯的事，我們不可能阻止所有人去做這種事情，但不要以吃花生的態度冷冷地把這種行為合理化。說「社會就是這樣」，「現實就是這樣」等涼薄話。還利用「成年人就應該要有高情商」，「明星就應該要高情商」等理由，來縱容這種玩弄別人情緒，操控輿論的行為。今天這種事情發生在他人身上，你當然可擺出一副超然高尚的姿態。他日發生在你身上，你愛的人身上，我就看你還是不是這副把一切看透的說辭。

我深信做出這種事情的人不是窮兇極惡之徒，也許他們覺得生活太無聊，自己太平庸，所以當覺得自己有那麼一點點地位，有那麼一點點職位優勢之時，就藉由「高情商」來享受玩弄權利所帶來的快感。所以有些人當了前輩，就喜歡欺負一下後輩；有些人當了記者，就喜歡玩弄一下明星名人；躲在屏幕後的鍵盤俠們，就喜歡發表一些不負責任的言論來操控言論，帶動風向。他們也許認為不過就說幾句話，笑一下而已，這都承受不了的話，那情商未免太低了。但他們往往低估言語的殺傷力。我很記得韓國演員崔雪莉自殺前不久在一個訪問中說的話：「請大家多疼愛我一些吧。」

我知道一定會有人說崔雪莉是因為過往種種行徑才會引起這麼多的非議，但這樣說的人有沒有想過她那些行徑背後的心理？那些行徑可能就是她瀕臨自殺邊緣的警號！退一萬步來說，即使你看不過她的行為，也不要成為施行網絡暴力的一員。她的死是所有網絡暴力施行者們合力造成的，是大家以為沒什麼大不了的幾句評論，讓她的生命從此定格在 25 歲。事後，一些心腸硬冷之輩還在說那句該死的「她情商太低了」。

我不是站在道德高地，以一副聖母的姿態教大家要如何大

愛。我只是以一個深受「高情商」之苦的過來人身分，請求大家口下多多留情。我自問也有一大堆討厭的明星，但我甚少在網絡上指責他們的不是。惡人自有惡人磨，事實也證明一些行為不端，毫無實力的明星不管曾經多麼受萬千寵愛，多麼意氣風發，風光無限，他若一直不知收斂，不去提高實力，終究會掉下神台，受千萬人唾棄，我根本不需要去摻和一腳。何況我頗相信因果報應，今天貪一時之爽傷害他人，誰知哪天這些傷害會反噬回自己身上？我幹嗎要去自作業障？

　　我再次強調，我不是叫大家不要理會「情商」這回事，而是希望與我一樣的人在受到這種「高情商」欺壓時，要知道及時抽身，不要讓自己背上這種不必要的心理負擔。若是問我，在遇到那些混蛋的當下，有什麼好方法去應對？那我真的提供不出什麼好方法，我是個非常缺乏幽默感的人，不懂得用幽默的方式去化解，我一般都是直接去面對。如果有人第一次見面就對你說：嘩！你真的好胖呀！那我會直接問他：其實你說這種話，是收到什麼樣的效果？是想看我罵你，還是想看我忍氣吞聲又不能罵你的困窘樣？你選，我做給你看。

最討厭的幾句話

在網上看到吳宗憲發表的抑鬱症偉論，我被激怒了！憑什麼說抑鬱症病人得病是因為不知足？？

雖然我從沒有做過測試，不知道自己到底是不是真的患上了抑鬱症，但我自問也長期受困於情緒，為此吃了不少苦。吳先生不瞭解抑鬱患者的實際情況就妄加定論，這讓我覺得不受尊重。所以我決定寫上這篇文章，順便告訴大家，或許你是出於善意，但在你還沒有完全瞭解這個的人背景或真實情況時，有些話就最好不要說，因為這樣非但沒讓對方感到好過一些，還會加重他們的孤獨感。

我說的這些話，在網上有不少心理學家說過，他們在專業基礎上總結出來的話，我當然認同。不過每個人的經歷都不一樣，所以我想寫一個我的版本。

▶ 天下無不是的父母

這句不用我多解釋，看過我前面寫的文章，都會明白我對這句話有麼的深痛惡絕！

天下不可能沒有不犯錯的父母，只有為了沽名釣譽，把「孝」道推向極端的聖人！一句「天下無不是的父母」成了少自私父母的免死金牌，造成多少孩子的痛苦人生？！雖說情緒病的成因有很多種，但我相信最主要的，就是原生家庭，就是因為父母不懂愛。支持「天下無不是的父母」這句話的人，應該是在父母的萬般呵護下成長的吧？如果是這樣，我羨慕你，但千萬不要認為自己的父母與天下所有的父母都一樣。還有，

別與我爭論這句話的對錯，因為我與你是生活在各自的平行線上，是永遠沒法交集（溝通）的。

▶ 要學會原諒

我一直不明白這些人口中的原諒是什麼意思！我的理解是，原諒就是忘記這個人的過錯，或是說不把這個人的過錯放在心上，就當作什麼都沒發生過一樣。否則這話到底是什麼意思？每次聽到這句話，我都忍不住生氣。我覺得，說出這種話的人，有可能是人生過得太順，不知人間疾苦；有可能是不會安慰人卻又胡亂去安慰人；又有可能是聖人降生，什麼事情都可以原諒；那怕一個雷劈下來把他劈死，他還會到玉皇大帝那裏感謝雷公。否則稍有點人生閱歷，都不會說出這種廢話。因為見識的人與事多了，就知道不是所有傷害都可以忘記，更不可能當作沒有發生過。

如果你說，這不是要你當作沒有發生過，只是希望你不要再帶著受害者的心態，自己折磨自己而已。這種話理論上是對的，但理論是理論，現實是現實。因為小時候被父親性騷擾，我對父親實在是厭惡之極，每回見到父親我都有想吐的感覺，那我是不是該放下受害者的心態，當作什麼事都沒發生過？還要去感謝父親的性騷擾？！還有那些孩子被殺害的父母們，是不是可以當作從沒有生過這個孩子，再去感謝兇手把孩子殺掉？假如這種事情發生在你的身上？發生在你的孩子身上？你還可以原諒的話，那我會對你俯首跪拜，還會寫個大大的「服」字，但永遠不要試圖用這句話來說服我。

其實真正使我惱火的不是原諒不原諒，而是每次聽到這句話，我都很自然地產生兩種感覺：一，是因不瞭解而導致的偏面想法，二，是要求受傷者壓抑自己。

第一點，因不瞭解而導致的偏面想法。

我相信能輕易說出這種話的人，一定是對世間的傷害知道得很少，以致對所有受傷者的瞭解，都停留在低級別。十分主觀地認為受傷者其實沒受到很大的傷害，只是受傷者自己把事放大，不願意放下，器量不夠堅強度不足，才會感到抑鬱。在這種人的眼中，這世上不可能有性騷擾自己女兒的父親，不會有把孩子當作貨物賣出去的父母，看到報紙刊登這些新聞時，大概都當作是誇張與失實的導報，要不然怎麼可能去勸那些孩子被殺的父母去原諒罪犯，叫被性騷擾的人去原諒那些猥褻犯？

　　第二點，要求受傷者壓抑自己。

　　我過去曾上過好幾次這樣的當：一些看似很關心我的人對我說，有什麼事不妨找我說說，別什麼都壓在心裏。但當真的去她傾訴時，她就只是輕描淡寫地說了句，你要學會原諒。去你的！又是叫人傾訴，又是叫人原諒，這到底是怎樣？真的以為說一句原諒，就可以放下心事，過得舒坦一點了嗎？別以為只是一句普通的勸解，我聽進耳中真是無名火起！如果能夠輕易原諒，又何須找人傾訴？早就在心裏原諒了，就是難以原諒的事情，才會希望有人聽自己抒發心情。但當你說要學會原諒時，其潛台詞是要對方壓抑自己不要說，否則就是胸襟太狹小。但不是所有痛苦說原諒就可以原諒的！不是所有傷口說癒合就立刻癒合的！這樣的話，那我又何必傾訴，傾訴了反而更覺得別人不理解自己。毋須擔心我會時刻沉溺在恨中，可以平靜地傾訴，早就沒有恨了！我想要的只是你靜靜地傾聽，讓心事有個出口而已，但一句學會原諒就把我所有想說的話都堵回心中。唉……不懂不是罪，不懂自以為懂，才最讓人很傷心，知道嗎？

▶ 大家都是自己人嘛，幫一下不行嗎？

　　跟父母那句我都是為了你好一樣，都是情感綁架，以此綁架別人來達到自己想要的結果。說出這句話的人，根本就沒有

真心可言，有的只是對親情、友情的榨取。每次看到說這種話的所謂親戚朋友，我真的很想問一句，你真的有把我當自己人嗎？

▶ 不能把所有的錯都歸究原生家庭

這句原意是不希望一個人長到可以為自己負責的年紀，還以原生家庭為自己帶來創痛為藉口，讓自己所有的錯誤合理化。這句話其實沒有錯，可我第一次聽到還是難受得想哭，還有一點點的憤怒。我想了很久，我不認為這句話有錯，但為什麼我會討厭這句話，為什麼我會感到憤怒。後來我才明白，這句話是沒錯，但這句話不是每個人都適用，也得看對方是個什麼樣的人。一個人，如果他一直以家庭帶給他痛苦為藉口，做一些報仇行為或是頹廢不振，那麼這句話十分正確，這種人也不能姑息。但若對於一個因為原生家庭鬱鬱寡歡卻依然努力面對生活的人，就請不要對他說出這句話。因為這與「你要學會原諒」一樣都是非常偏頗。

我第一次聽這句話時，我覺得我被指責了，指責我為自己的痛苦找藉口！可我沒找藉口呀，我的痛苦就是來自原生家庭！

如果把一個人比作一棵大樹，那原生家庭就是大樹的根部，可是根部損壞了，大樹每天還要面對風吹雨打日曬，當大樹支撐不住而倒下時，你只怪大樹不夠堅強，卻不去看看根部出了什麼問題。當發現根部出現了問題後，你又說不要用根部受損來當藉口，明明就是大樹不夠堅強。這就是偏頗。

不過，這句話還是有一定道理的。我們的痛是原生家庭的錯，但我們絕不能以此為藉口，讓自己頹廢不振，對社會做出報復的行為，很多的罪犯都是因為這樣成為罪犯。生在什麼樣的家庭，我們無法選擇，但面對痛苦的態度，就由我們來決定。

以原生家庭的錯為理由，把自己推入萬劫不復的深淵，這就真的不是原生家庭的錯，是自己把自己毀滅。

▶ 患上抑鬱的人都是因為不知足？！

吳忠憲的這句話，我聽到後真的相當憤怒！在受到大眾與精神科醫生的批評後，他還死鴨子嘴硬，在直播中說你有我們這些好朋友呀！

我的天！吳先生就別不懂裝懂了！一個人為什麼會抑鬱，精神科醫生都說了，其原因各種各樣。不過依我看來，不管什麼原因，絕不可能是不知足！！！

再說，你說你的抑鬱朋友有你這個好朋友，那你能不能肯定全世界的抑鬱症患者都有好朋友？即使有，這些好朋友難道就沒有自己的事情要忙？沒有自己的家庭要照顧？你憑什麼肯定這些好朋友都可以長期陪伴在他們的身邊？並且全部都在他人情緒病發作時，懂得如何去照顧開導？但凡對情緒病有些許瞭解，都不會說出這種話！

我個人覺得吳先生身邊根本沒有抑鬱症的朋友，就算真的有，也從沒有認真去瞭解過他們。如果有認真去瞭解，他一定會看到抑鬱症患者的病因與他們擁有的沒有直接關係，患者也許生於富裕家庭，也許擁高薪厚職，但為什麼他們還是患上抑鬱症？因為他們的痛苦是來自人為的傷害！生在富裕家庭，有體面工作，就等於他們的家人懂得愛他啦？他一定是在愛中成長啦？如果吳先生這麼認為，那你的思想也太狹隘了吧？我估計吳先生認為有豐足的物質資源就等於幸福與愛吧，卻沒有去想真正的愛是任何物質都換不來的。

不久前，我看到了吳先生的兒子吸毒被捕的新聞，我不是想落井下石，但我還真想問問，吳先生，你真的懂得如何去愛你的兒子嗎？否則以他一個出生於明星家庭，一大堆資源在身旁等著，還畢業於著名音樂學院的年輕人，怎麼就不知足了呢？

當我用這種輕蔑的，完全不當一回事的語氣來說這些話時，吳先生你又作何感受呢？所以別輕易下結論，別輕易判定別人的人生，這也是我做心理治療幾年來最大的一個感悟。我不敢保證我會做得很完美，但我必定把這句話牢牢記在心上。

▶ 你自己也要反省一下為什麼會受到這樣的對待

這句話也不是全錯，因為這世上真的有很多人不懂反省，只顧埋怨他人的，我的父母就是當中的典型。但這句話還是少說為妙，如果你不知道如何安慰對方，可以不說話，靜靜聽對方說就好。這世界沒有不求回報的付出，即使被吹捧成世上最無私的父母，也不會想孩子長大後拍拍屁股走人，他們再怎麼不求回報，也希望孩子有空回來看看自己，你說是不是呀？但這世上是真的有無緣無故的惡。那些遭受校園霸凌的學生，那些被網暴的人，他們承受著殘忍可怕的對待，難道還要反省自己到底那裏做錯了嗎？即使真有過什麼錯，他們也不應該受到這樣的對待。更何況他們受罪的原因，可能是因為他們人太好；可能是他們內向，看上去好欺負；甚至是因為外表才華出眾招來的嫉妒，這些是過錯嗎？

所以我認為，說出這句的人，一就是欺善怕惡，明知道對方受了屈委，卻因為害怕那些加害者，而不敢為對方說一句話。二就是他與那些加害者一樣，嫉妒對方身上的某些特點。我很相信一件事，就是即使不瞭解對方的具體遭遇，但對方是否一個不懂反省的人，在相處的過程中也能看出來。所以我們該做的，是要鼓勵對方不應繼續啞忍，要用合理手段來維護自己的一切權益。當然，若對方不爭氣只會啞忍，那是他過分軟弱，但我們至少不能讓他們雪上加霜。

以上就是一篇純粹的牢騷文。一切的意見，想法僅代表我個人，絕不強求認同。但若你說，這當中有那麼一、兩句剛好說中了你心裏的那句，那樣真的是對我最好的回饋。

18

最讓我感動的幾句話

「你看上去憔悴了很多，怎麼了？」

這句話來自一位叫慧的女孩。我已忘記了她的全名，就只記得她的名字裏有一個「慧」字。

慧來對我來說算是個陌生人。在讀專科學校的時候，某個星期天，她來到了我們宿舍。她是我一位舍友的中學同學，就讀於附近的師範學校。趁著星期天大家都放假，就到我們學校來玩一下。

我很記得那天，慧一走進宿舍，大家都眼前一亮。她長得很漂亮，頭髮很長，眼睛很亮，有點漫畫少女的感覺。最讓我羨慕的，是她窈窕的身材。一雙修長的腿，只是我這雙大粗腿的二分之一。本以為長得漂亮的女孩子都會有點小傲慢，可看慧的舉止談吐，她應該沒有這種毛病。但因為她是同學的同學，與我本就不認識，那次見到只是與她點了個頭，沒敢跟她多說話。

沒想到幾天後的一個下午，我正提著兩大壺熱水回宿舍。前方一把聲音傳來：

「你好呀，還記得我嗎？」

我抬頭一看，是慧。我有點驚訝她會主動跟我打招呼。

「你看上去憔悴了很多，怎麼了？」

啊？這麼溫柔的語調，這麼關切的口氣，我有點不太適應。也許剛放學不久，我的樣子看上去有點累，其實我什麼事都沒有，但我真的不適應有人對我這樣好，一時間有點不知所措，只好點結巴地回答她：

「我沒事，謝謝。」

便提著熱水壺快步離開了。

晚上，大家躺在牀上聊天的時候，舍友對我說道：

「慧說你看上去很憔悴，她有點擔心你。」

我再次感到驚訝，一個只見過一面的人，竟然會為我擔心？心理上不適應，卻覺得很溫暖，我為什麼會有這種矛盾的感覺呢？有人對我好不是一件好事嗎？

至今二十多年過去，慧的這句話我一直記在心中，每次想起都禁不住湧現一股暖意。直到我畢業後，我才明白為什麼當時會有那種矛盾的感覺。她的話雖簡單，卻是我第一次確切地感受到什麼叫單純的關心，這種感受是我從沒有過的，所以我才會感覺既溫暖又不適應。只可惜當時我沒有把我的感受告訴她。

最後一次見慧的時候，我不再沉默，直接告訴她：「我覺得你很漂亮，就像漫畫少女般討人喜歡愛。」

沒想到我收到的反饋是：「我覺得你很可愛，第一次見你就這麼覺得了。」

啊？她真是一次比一次地讓我驚訝。換著是別人說，我會認為他在說門面漂亮話，但慧當時沒有猶豫的直率語氣，讓我覺得她是在說真心話。我很想告訴她我很感激那天她對我的擔心，這種真切的關心，對我來說格外的珍貴。但我最終也沒有說出口，因為我覺得有點像告白，非常肉麻。

那個年代手機還沒普及，大家都是靠寫信或是用家中的電話來聯絡的。我與她不熟，不好意思問她要地址電話，那次之後她就沒有再來過我們學校了。現在一晃二十多年過去了，假若某天我們面對面，恐怕她也想不起我是誰了吧，我好歹還知道她叫慧，而她卻連我姓什麼名什麼都不知道。

如果可以見到她，我一定要告訴她，那句話一直被我珍藏

在心裏，二十幾年來從未忘記，一直在我心中散發著暖意。同時，她的這句話也教會了我一件很重要的事，就是不要少看自己說出口的一字一句。所謂「良言一句三冬暖，惡言傷人六月寒」。人一定要多注意言行，一句不以為然的嘲笑，可以給人留下很深的傷口。相反，一句真誠善良的話，可以成為他人心中的暖流，溫暖每一個寒冬。

「信我，你絕不是你認為的那麼差。」

這是一位男教友說的話。

多年前的某天，我與教會的組員來了一次餐聚。由於我當年是輪班工作，下班時間早，與另一位同樣早到的教友站在一個商場的二樓等待其他教友的到來，看著樓下來來往往的人。那位教友不知怎麼的說起了關於容貌的話題。他說他特別不喜歡自己的鼻子。這句話讓我有那麼一點點不高興，他的鼻子又直又挺他竟然不滿意，那我的算什麼？於是我立刻反駁：

「你鼻子那麼挺，你竟然嫌棄？！你不看看我的？」

那位教友哈哈大笑，他拍了拍我的肩膀說：

「信我，你沒有你認為的那麼差。」

「啊？什麼意思？」

我很意外從男士口聽到這樣的話。

「就是字面的意思，我說的是實話。」

其實我一向對容貌沒有很大的感覺，又不是去當電影女主角，只要不醜就足夠了。但我不滿意我的鼻子，因為鼻翼寬不夠小巧，小時候母親還經常叫我大鼻子。但相比起容貌，我真正自卑的是身材，上下不勻稱，活脫脫的梨形身材，加上發育過分良好的胸部，我覺得自己就是一頭大肥牛。因此我的心裏一直有一把聲音告誡自己，別人說我漂亮好看的話，全部都是在客套，千萬不要相信，也不要對自己的容貌抱有什麼期待。

但這位教友不經意的一句，卻讓我覺得這不是一句假話。

這讓過去受盡異性排擠的我感覺很奇怪，但又隱隱地感到高興。他的這句話，這使長期以來不知道如何與男性相處的我放鬆了不少。在往後的日子當中，這位教友也幫了我不少，可惜當時的我受情緒困擾，沒法好好的跟他們相處。現在想起這些教友，我既感激他們出現在我的生命，也有點淡淡的遺憾。

「你是個好女孩，如果被一個好男人疼著該多好。」

這是一位北京網友對我說的話。大概是 2017 年的時候，這位網友從北京到香港來看演唱會，順帶約我出來聚一聚。那天我們逛得很愉快，到了下午茶時間，我與她去了又一城的無印良品吃下午茶。

我吃著牛奶布丁的時候，她突然就說了一句：「你是個好女孩，如果被一位好男人疼著該多好呀……」

我差點被噎到，真沒想到她突然間說一句這樣的話。我喝了口水回答她說：「沒關係，有時婚姻就如賭博，贏了會很幸福，輸了會很慘。既然我自己也可以過很好，上天就不用我參與這場賭博了。」

她聽後歎了口氣，沒有說下去。

她不知道，那一刻我很想抱著她哭。我想哭的原因不是因為我沒有愛情婚姻，而是我被她的話感動了。她在為我心疼，為我感到不值。這是我在母親身上都不曾感受過的，更別說外人對我的冷嘲熱諷了。而她，一位幾年都見不到一面的人竟會為我心疼，這是非常有力量的安慰。那時候，我已經開始了第二輪心理治療，因為她那句話，我更有動力去擺脫情緒的掌控。

「活得這麼努力，辛苦了。」

這是至今為止，讓我最感震撼，能使我當場潸然淚下的一句話。可惜的是我沒有看清楚這句話到底是誰說的。

大概是 2017 年年底，2018 年的年頭，我因為一套韓劇《名不虛傳》與一群劇迷在微博群中聊了起來。某天在群裏，我說起了我的奇葩家庭，還有父親那些下流行為。突然就看到這麼

一句：「活得這麼努力，辛苦了。」

　　我不知道該怎麼去形容看到這句話時的震撼。我當時握著電話，坐在休憩處的長椅上哭了很久，都怪我當時只顧著哭，沒有看清楚說這話的人是誰。就在同一天，我退群了。那個群主說話實在太咄咄逼人了，讓我覺得在群裏說話很有壓力，於是退群了，這樣我更不知道這句話到底是誰說的。

　　三十年來，我獨自與自己的情緒搏鬥，沒有家人支持，沒有朋友可以商量，偶爾跟旁人傾訴一下，聽到的都是些正確的廢話。

　　家人都不可能害你，你想開一點。

　　怎麼說都是你父母，你就忍忍吧⋯⋯

　　你應該樂觀些！

　　你應該放下⋯⋯

　　你要學會原諒⋯⋯

　　等等等等⋯⋯

　　永遠都是施加傷害的人沒有錯，要改正的是被傷害的人。從沒有人會問過我，多年來過得那麼苦，你累嗎？帶著那麼多心煩事，你睡得好不好？沒有人心疼我，我就只能告訴自己要堅強，再堅強一點。但我也是人，再怎麼堅強，也會有疲累的時候，也會期待有人給予關心與問候的。我做夢都沒有想到，我一直渴望聽到的話，會來自一位素未謀面的陌生人，我非常懊惱自己怎麼沒有當即向她道謝。現在我每次想到這句話，都會低頭向上天祈求。上天會知道她是誰，所以請把我的感謝與祝福帶給她。

　　寫下這篇文章，是因為我被著名的節目主持人吳宗憲激怒，一個晚上便寫下《最討厭的幾句話》。後來我又想，難道我的生命中就只有討厭，沒有過感動與溫暖的時刻嗎？其實不是，只是這些片段太少了，也太珍貴了，珍貴到我怕經常想起

就會消失一般。所以，我把這些話小心翼翼地收在心裏，不去多想，也不敢在他人面前提及。

　　但是流星劃過夜空雖短暫，可它的光芒卻能讓看過的人一生銘記。那些對我說出這些話的人們，雖然也只是在我的生命中匆匆路過，但他們的善良卻給我的人生留下不可磨滅的美！是我記憶中的寶，是怎麼都拿不掉的。

19

留不住就盡情享受吧

　　2018 年 11 頭的某天，坐在大阪機場的我做夢都沒想到會收到這兩位仁兄的加好友請求。發出者是一男一女，都是我小學一年級到四年級的同班同學，更巧的是他們的名字都有一個「清」字。我對女清的印象尤為深刻。

　　雖然我並不打算把她加為好友，但還是與她對話了幾句。從她的信息中得知道，她是從我姑丈那裏得到我的電話號碼。超過二十年沒有聯絡的親戚竟然有我的電話號？不用想都知道是父親幹的好事。她還說一直都很記得我，一直都希望可以與我再見，更讓我意想不到的，是她竟然為小時候做的事向我道歉。雖然只是屏幕顯示的文字，我並沒有看到她的語氣表情，但我確切地感受到她那份真誠，可是一切都來得太晚了。

　　我永遠不會忘記那一天，她與另外幾位女孩站在一起一個接一個指罵我的情形。我那時只是小學二三年級的學生，明明昨天還玩得好好的，怎麼今天突然間一起圍攻我一個？我不知道我到底做錯了什麼，我只記得她們罵我說話太直率，罵我不懂得人情世故。好吧，我過去的確是這樣。心情好會告訴別人，心情不好也會告訴別人，喜歡誰會直接說，不喜歡誰也會直接說。人家問我好不好看，我覺得不好看會直接說。人家問我他胖不胖，我覺得胖也直接說。但我自問從沒有主動走到人家面前說人家醜，說人家哪哪不好的。家中親戚與母親都曾這樣說過我，我也很想改呀，但我當時就只有八九歲，我真的不知道如何不說謊又能婉轉地與他人表達想法。

　　親戚與母親向來都把我說成垃圾，被她們教訓我早就習

慣，真不覺得有什麼。但我怎麼也想不到，我會被一群我視為「朋友」的人這樣教訓，還是毫無預警地發生。從那時開始，她們在我的心裏留下了一些東西，但我又說不出是什麼東西，只知道從此之後對「朋友」這一詞多了一分保留。

來到香港定居後，我自問過去受到了不少教訓，也有一定的人生經歷，結交新朋友應該沒什麼問題了。但是當我真正與香港人接觸後，不管是同事，教友或是我現在僅有的一位「朋友」也好，我都覺得我與她們之間有一種難以拉近的距離。這種距離感不是來自生長環境，也不是地域文化的差異，而是來自她們心中的一股非常強烈的自我保護意識。就連自我介紹都顯得相當有保留，她們大部分不會讓我知道她們的本名，只會告訴我英文名字，沒有英文名字的，就用名字的縮寫：T.W、A.C、K.Y…從小看 ATV，TVB 長大的我，當然知道這都是香港人的習慣做法，但這種做法的背後，我覺得就是在自我保護。即使是名字這種基本的事情，也要真的與你熟悉了才可以告訴你。我尊重這種做法，但我壓抑不住內心的失望。因為當初我是真的懷著滿滿的誠意與真心去結識朋友的。

大概就是從那個時候開始，我為了不讓自己的失望情緒加深，心裏形了一個很強的信條，就是不要有所期待，不要太投入眼前的愉快，不要妄想留住這些快樂。這樣的信條，讓我在往後的日子裏一直都「放不開」。

在工作上，遇到熱情好客的家長，我都會在心裏叫自己「注意點，小心點」。有些家庭旅遊回來後，還特意給我帶了手信。但我可以不收都儘量不收，有時實在是盛情難卻勉強收下，心裏都沒法踏實，總想著收下後，人家會不會覺得我很貪心呢？我這輩子最喜歡做的一件事就是旅遊。但是與網友們一起旅遊時，我卻沒法盡情享受旅遊的樂趣。心裏總是在想，這樣快樂的時間可以維持多久？今天對我熱情友善的網友們，會不會某天突然像小學時那群夥伴一樣，一個個排著隊來指罵我呢？這

些想法，在心理治療之前，我一直都沒有意識到。心理治療開始後的某天，心理學家問我，做什麼事情會讓我感到快樂。我對她說我喜歡旅遊，但是很奇怪，我旅遊了很多次，每次都很愉快，但又不是真正的愉快。我指的真正愉快，是放開整個心，完完全全沉浸在愉快感覺中的那種愉快，我一次都沒有嘗到過。我不明白我為什麼會這樣，旅遊明明是我最喜歡的一件事。

　　直到不久前，我看到了一個綜藝。一位前女團成員跟一群演藝新人分享了她從組成女團，到女團解散之後的感受。她身邊的主持人問她，回想過去最後悔的是什麼呢？她說最後悔的是沒有好好享受一群人一起工作的樂趣。當時的她覺得與那麼多女生一起工作有點煩，因為人多，每次工作都要提前四、五個小時起牀化妝，這導致睡眠嚴重不足。因為人數較多，拿到的薪酬又要一群人平分，所以賺到的錢也少，但最要命的還是隊員之間的關係。大家本來互不相識，但卻要像好姊妹一樣一起工作，有時還要同起同眠，大家都有點不知所措，不知道該如何拿捏才好。可當她覺得自己開始適應時，公司卻要求她們解散。她很後悔沒有好好享受那段時光，因為往後的日子，她很難再有這種機會，可以一群人一起工作，一起歡笑。

　　看完這段視頻後，我的腦中「砰！」的一聲，猶如一個小炸彈炸開了。我瞬間明白我對過去的執念實在是太深了！一直都緊抓著過去的害怕與傷感不願放手。就是這原因，我每次與別人接觸時，心裏都是一堆亂七八糟的想法。我害怕說話像小時候那樣直率得罪了人卻不知道；我害怕我的舉動會不會不夠得體給別人留下壞印象；我害怕偶爾帶點孩子氣的個性會讓人覺得不夠穩重。2012 年認識的那群網友其實對我不錯，但每次跟她們一起時，我就總是傷感，傷感她們不是與我生活在同一個城市；傷感當刻的快樂沒法持續到永遠，傷感這次分別後又不知道何時再見；傷感熱鬧過後那種空虛與寂靜，偌大的世界

為什麼總是我一個人？這一大堆亂七八糟的想法，讓本來應該充滿色彩的回憶蒙上了灰色。所以，當心理學家問我有什麼快樂的回憶時，我幾乎一件都想不起來。其實是我糊里糊塗地抹殺掉那些本該擁有的快樂。

這種做法真的非常愚蠢！這世上有誰可以抓住那些快樂的事情一直維持到永遠的？而人的一生，又有多少親朋，可以一直陪伴在他身邊不離開的？其實不多，到生命盡頭，還不是自己一個走？是我過去太希望有朋友，又很害怕留不住朋友，才會有那種傻氣的念頭。

我想起信佛的人們把人與人間之的相遇，都歸納成一個「緣」字，不管相遇後發展成何種關係，其實都是「緣」。（其實我不知道是不是佛教的理論）緣分深厚的，會成為戀人、家人或摯友。緣分淺的則只會擦肩而過，或是成為泛泛之交。但不管緣分如何，最終他們都會從我們身邊離開。如果從見面的第一天起，就想著這個人什麼時候從我身邊離開，那麼日子還可以怎麼過？在相聚的時刻就想著分離，在快樂的時候總想著快樂過後的寂寞，這完全是在作繭自縛！倒不如釋放恐懼，盡情享受當下的歡笑，未來如何，就任由他順其自然吧。

2018 年 11 月，就在我收那個短訊的前幾天，我與網友剛結束了一趟不錯的旅程，我很後悔那時不懂得去享受！上機回香港的一刻，還傷感不知道何時有機會再來呢……結果 2019 年下半年開始，香港發生了翻天覆地的變化，那顆記憶中的東方之珠，自此定格在 2019 年。現在的我，就連想公開說句心裏話，都得左思右想，很多時候為了保險起見，幾經思量後，還是硬生生地把話咽回肚子去。2019 年年底，新冠疫情開始爆發，為了堵住疫情蔓延，世界大部分的國家都停止了通關，曾熱鬧無比的機場，一下子變得冷冷清清。2018 年，我在大阪機場時的傷感竟然成真了！到現在我都快 4 年沒有到旅遊啦。就

連微信群中的國內網友，也變得沒有過去那般聊得來。雖然她們從沒有問過我什麼，只叫我出入注意安全，好好保重自己。但我知道一切都不一樣了。就她們的認知與我的認知在很多事情的看法上，都不可能如過去般一致協調了，我只能儘量減少在群中的發言，偶爾說話也就是寒暄幾句，報個平安。

如果問我可不可惜，其實沒有什麼可不可惜的，我也不是與她們絕交，只是以後說話注意一點，小心一點。雖然與她們說不上什麼摯友，但她們的確為我這十年的歲月增加了不少色彩，因此我絕不會輕易與她們決裂。但我真的很懊惱過沒有好好去享受那些一起旅行的日子，那些相聚在一起的時光。我就只會傻傻地傷感為什麼沒有凍住這些時光，卻不懂得投入這些時光讓它成為記憶中的永恆。

我寫這篇文章，是因為我知道世上一定會有像我這樣的人。因為過去在結交朋友方面屢屢受挫，所以即使遇到大方熱情，對自己滿懷善意的人，心裏都會產生諸多的內心戲。很想與對方進一步結識，卻又不敢確定對方的想法，怕自己主動了會唐突。很想好好享受眼前的時光，卻被過去挫敗的經驗纏繞，沒法真正開懷。其實我們真的沒必要這樣折磨自己，生命本來就是由無數的片刻組成，不管好與壞，我們都沒法留得住，既然留不住，那麼就好好享受眼前的美好吧。

誰都沒法保證明天發生什麼事。就像我在 2018 年 11 月的時候，就盤算著 2019 年的 11 月到日本的京都旅遊一趟，誰知現在 2022 年了，我都沒法成行，而且還不知道什麼時候才有機會成行。我不是要詛咒誰，但若你明天就遇到一場什麼意外，生命在死亡的邊緣徘徊，你一定會後悔在可以盡情笑的時候沒有大聲笑。

所以，留不住就盡情享受吧，人生不管貧賤富貴，結果都只有一個，更重要的是我們如何去體現這趟生命旅程。

女人之苦（一）

　　我相信與我同世代的女士，如果一直單身，多少都會有被人取笑的經驗，尤其是被女人嘲笑「嫁不出去」，「沒男人有要」，「剩女」。而且是在沒有做錯任何事的情況之下，僅僅是因為多年來都是單身，就被別人說三道四。有時在發生意見分歧或爭論時，對方並不就事論事，而是把單身當作弱點來攻擊。我寫這篇文章，不是追究誰，也不是指責那些曾經嘲笑過單身女人的人，我希望的是大家在看完我的文章後，能多想一點，明白到單身的背後，是有著許多原因的，不期望你們能多麼的設身處地，理解包容，只求你們能對單身人士持有一分基本的尊重，也請你們不要在完全瞭解對方之前，胡亂猜度別人的人生。

　　我自小就沒什麼異性緣，在《在那些難過的校園事》中就提到，從小就被安排與班上最頑劣的男學生同桌，因而從小就被男生欺負，再加上本就不是主動的人，所以除了平時較談得來的幾位女生，基本都沒怎麼與男同學說過話。四年級那年的暑假，我從鄉村轉到城市的學校後，人生的噩夢也隨之開始。

　　我很記得，第一天上學，坐在我斜後方的一位男生問我叫什麼名字，我以為只是新同學互相認識，便直接告訴他了。沒料到他聽了以後，微微一笑說道：「嗯，最後一個字與奸字很相似。」從此以後，他就叫我 xx 奸。那個時候也是長身體的時候，但我對這方面完全沒有概念，學校不教，母親也不提。現在重看照片，可以看到 11 歲前的我，並不是胖妹子。11 歲後，我的身體開始產生變化，而我卻一直對此懵懵懂懂，回想起那

時腰粗腿粗屁股大，還天天穿著短褲，窄身牛仔褲上學的模樣，即便過了那麼多年還是會臉紅。不過也幸好那時沒心沒肺，根本沒有去想到底胖美，還是瘦美。否則，我的煩惱又增加一些。

男同學叫我做「大猩猩」，叫我做「xx奸」，我覺得特別難受，經常被他們氣哭。他們看見我哭覺得很好玩，便叫得更加歡樂。即使我什麼都不幹，只是靜靜地坐在座位上，他們都會跑到我跟前，然後「大猩猩，大猩猩」地又叫又跳。起初我還會忍一下，但後來我覺得我根本沒有做錯什麼，幹嗎要忍？於是經常與這些男同學吵架，漸漸地我成了班中最不受迎歡的女生，不僅男同學不喜歡我，連女同學在他們的影響下，都不太敢與我接近。

然而，我雖不瞭解自己的身材，卻沒法忽視過分膨脹的胸部。

我也記不清是五年級還是六年級，某天早晨，我很早便回到學校，正當我沿著樓梯到教室的時候，一位大概三十左右的男人從樓上走下來，我當時毫無戒備，就當我與他擦而過的時候，他突然伸手揉我的胸部，我當時一只手還拿著等會要分發給同學的酥餅，只有一隻手把他推開，他見我是小妹妹好欺負，便再次向我伸手，我當時被他堵住，根本沒有法走，哭著推開他，他又再次上來，這樣被他侮辱了三、四次，他一臉得意地跑走了，剩下我坐在梯級上哭。但當看來越來越多同學上學時，我便立刻受住了眼淚，我不想讓同班的男生看到我哭，那樣他們只會更快樂。但我覺得不可以什麼都不做，於是我把事情告訴了班主任。

第一節課上完後，班主任跟我說，她幫我報了警，然後叫我到會議室錄口供。我把事情的經過一五一十地告訴警察。然而我心裡清楚，學校沒有安裝閉路電視，當時也沒有智能手機，所以那個猥藝犯，我描述得再清楚，警察也不會知道是誰。而

且茫茫人海，除非他一犯再犯，否則根本不可能把他抓住。儘管知道這只是個心理安慰，但這也是我當時唯一能為自己做的事情了。

　　但這只是個開端。

　　從那次以後，我走到路上，經常惹來一波又一波的猥褻眼光，有些下流男人還會走過來嘲弄幾句，問我怎麼不戴胸罩。但最讓我氣得牙癢癢的，是那些故意跑來撞我，在人多的時候把手伸向我胸部的人，我連是誰做的都看不清楚，想大罵，都不知道該罵誰。

　　上了中學後，這種惡劣的情況非但沒改變，反而變得更加可怕。大概是某些男生長大了，嘴巴跟著變得更毒了，態度也更加放肆。尤其上體育課的時候，我被笑到真想挖個洞把自己埋了。站在一旁的體育老師聽到也從不阻止，不但不阻止，還借機摸了幾下我的屁股，當他要求我單獨去他的辦公室說要教我擲鉛球的時候，我更是害怕到發抖，幸好他沒有做更過分的事情。校園小說裏的那些歡聲笑語，青春美好，我全部都沒有！我的校園歲月，就是沒完沒了的被嘲笑、被霸凌以及讓我焦頭爛額，怎麼都學不會的數學科。

　　其實為了讓自己的胸看上去沒那麼大，我作出了許多嘗試。最初，我一竅不通，我母親同樣一竅不通，幾十年來，她也從沒有想過自己是什麼胸形，適合什麼尺碼的內衣，全部都是隨便買的。所以我的內衣，她也是隨便買的，當我再長大點，可以自己買的時候，也試過許多不同的尺碼內衣，可試來試去就是沒有一款合適，要不就是貴到根本沒法負擔。無可奈何之下，我穿了內衣後，還要用繃帶把自己的胸緊緊地紮起來，才略顯得扁平一些。但過了一段時間後，發現胸部出現下垂的跡象，不得已放棄了這方法。後來聽說按摩通淋巴可以讓胸變小，於是我又跟著按了一段時間，但沒看出什麼成效，然後一些媒

體報導又說按摩可能讓胸部變大，我嚇得立刻停止，再變大的話，我恐怕連門都不敢出了。

多年後，我到社會工作，有些女同事也不知道是諷刺還是真心，說羨慕我的身材，尤其胸部。說很多人的大胸都是花錢隆出來的，我的卻是天然的，而我聽後總是冷冷地說：「如果你知道我受過的屈辱，你就不會說這話。」

女人的苦，除了外表身材，就是情感了。

我當然渴望愛情，但說到愛情，我從小到大都有期望，因為被異性排擠得厲害。到長大後我就更加篤定，我與愛情無緣。多年的際遇告訴我，假若人生是一幅拼圖，有工作、生活、艱苦、遺憾、朋友、同事、家人、喜樂等等，那麼戀愛就是我人生拼圖中沒有的一塊。不是遺失，而是從出廠時，就沒有這一塊。幾十年來，我都覺得與男性之間有一道魔咒，只要我跟男性稍有接觸，這道魔咒便發揮作用。

求學時期，無論是哪個階段，我都陷入了一個循環中：先是入學，某些頑皮的男生便給我起綽號，連帶著好些男生跟風，但當中也有幾位男生沒那麼可惡，偶爾都會跟我說說笑笑，數學成績好的，我向他們請教時，他們也樂意教我。然而這樣便招來碎嘴，取笑我們是不是在談戀愛，結果為了避嫌，這些本來不討厭我的男生，都會疏遠我。然後我成了全班男生都討厭的女生，即使不討厭，也會對我避之則吉。

到工作後，不管是什麼工作，我又是陷入另一個循環：我在某公司或某部門工作，同事除了女人，就是一些上了年紀，孩子都跟我一樣大的男士，當某天來了一位年紀與我相若的男性，與他說話還不到十句，一起工作還不到一個星期，我不是被調部門就是被辭退。

那麼，這樣的經歷就意味著我從來都沒人桃花嗎？那倒不是，不過都是爛桃花，還是高級別的爛桃花。

　　為了認識到朋友，我曾經留在教會 8 年的時間，在這神聖的殿堂中，我遇到的不是天使，反而是魔鬼的試探。曾經有一位比我年輕好幾歲的男生對我示好，但他的智商與常人不同，所以庸俗的我一下子就拒絕。我試過被一位條件很好的男士欣賞，他很喜歡我的手寫字體，他會稱讚我很聰明，還經常問我最近看過什麼書，可不可以跟他分享。他對我的欣賞連他的太太也知道。是的，在認識我前，他已經結婚了，我還很記得在崇拜會中聽到牧師宣佈他們結婚的消息，還有那張巨型的結婚照，只是我沒想到照片中的新郎不久後成為了我的新組員，還給我從來沒有的欣賞與尊重，這其實是我第二次遇到的試探。

　　我第一次遇到的試探是組內另一位組員，如果真的要比較，我認識他比他太太認識他還要早，但在他單身的時候，我們都不注意彼此，直到某次聚會，我不知道怎麼跟他聊了起來，跟他聊了什麼我都不太記得了，就只記得他說了一句，你總是把自己收起來，男孩們都看不見你呀！那次以後，我就感覺我多了一位哥哥。他變得很照顧我。我穿短褲坐到地上不太方便，他會把外套脫下蓋在我大腿上，我吃飯嗆到，正想拿紙巾出來，他已經把紙巾遞過來。他知道我一直都不快樂，所以送我關於情緒治療的書，還帶我到高級餐廳吃飯，這樣的對待，是我過去想都沒想過的。但我很清楚他這樣做只是出於疼惜，並沒有其他想法。我也因此加倍的難過，我總覺得上天一直把我往陷阱裏推，只要我的意志稍有動搖，就會立刻掉下去。所以我經常望著教堂的十字架問，你真的那麼恨我嗎？為什麼總給我那麼多的試探。

　　但多次的試探，我也必須承認，我真的有心動過，但不是教會的人，而是同公司的一位男同事。他在我進公司前已經結婚了。我也不知道自己那條筋壞掉了，居然對他心生情愫。但不屬於我的，我堅決不要，每天上班下班面對他，我都儘量少

跟他接觸。儘管夜裏不知哭了多回，我的原則是怎麼都不會改變的。直到某一天，他竟然對我說了些帶點曖昧的話：

「這世上的事很難預料，說不定我會做你老公呢。」

我頓時無名火起，毫不留面子地回了一句：「我為什麼要用二手貨？」

他大概沒有料到我會這麼說，當場語塞。我絕沒有看不起結過婚的男人，但我覺得你處於婚姻中就該自律，與別的異性保持適當距離，不應該有任曖昧的言語及行為。不管是真的心裏有鬼還是過一下口癮，我都覺得這男人的品格很有問題。不過我在心裏感謝他這句話，因為這句輕佻的話，使我對他的心徹底涼涼。

然而，我遇到的又何止這些？

在學校受同齡人欺負，在教會受到魔鬼的試探，連日常逛個街都沒法安寧。

從 12 歲開始，我就不停招惹一些下流的老色鬼。站在公園看花，會有老人走過搭訕，還動手動腳；過馬路會被老人色迷迷地盯著，還出言調戲；坐在巴士上，有老人會有意無意地碰我的手與肩；坐在長椅上吃個盒飯，有老人走來問我價錢；就算是站在商場門口避個雨，竟然也會招來老人想包養！就是從這件事開始，我對情感與婚姻完全失去了期望。

那年我 28 歲，某天下午，我也忘了是什麼事去到了新蒲崗的越秀廣場，商場外的雨下得很大很大，大到把商場門前的一片地全都淹沒了。我沒法離開只好站在門口看著天，期待雨快點停。這時，一位年過 80 的老先生走來搭訕。其實我真的不太想與陌生人說話，加上以前的遭遇使我對年紀大的男人有著很可怕的陰影。但又覺得不理他好像很不禮貌，而且這裏是商場人來人往，我比較安心。

起初，這位老先生只是閒聊，說說家中的兒子，說說自己

年輕時做過什麼職業。後來，他說到了自己三年前喪偶，有一位女人跟他，但這女人在內地有丈夫，所以就回去了。聽到這裏我就覺得不太妥當，但又不知道那裏不妥。看到雨慢慢變少，水也退了不少，於是我對老先生說我先離開了。他竟然有點焦急地說：「先別走，跟我去吃個下午茶吧。」

我當時心中一驚，立刻拒絕道：「不了，我得立刻回家。」

「去吧，我請客！」

我注意到他的臉色變得有點難看。

「不，我老公在家中等我，我必須先回去。」

說謊是不對，但為了保護自己，有些謊言還是要說的。

他的臉色變得非常難看。

「你結婚了？嫁了什麼人，信得過不？」

「當然是很優秀的年輕男人。」

我不客氣地說，尤其強調年輕兩字。不等他繼續說下去，我便立刻轉身走人。

他惱羞成怒，上前問道：「你到底幾歲？」

「28 歲。」我如實回答。說完便快步離開。

我聽到身邊一把憤怒的聲音大聲說道：

「才 28？我看你是個五十歲的臭大嬸！」

臭大嬸？怎麼都不會比你這 80 歲仍想包養女人，色心不死的下賤老男人差吧？但我只想跑，懶得去反駁了。回到家裏，我難過了很久。我問上天，為什麼總讓我遇到這種人？我真的那麼討你厭嗎？

自 2009 年起，我被某所公司辭退後，便再也沒有當上班族了。而是靠自己的專長工作。也是從那時候起，我沒有任何同事可以搭檔，也沒有朋友。至到 2022 年，我已經 13 年沒有接觸過超過 15 歲以上的男性了。這 13 年的時間，我積極地學習如何拯救自己的情緒，也尋求專業的心理治療，對於人生，

工作與情感，我也有了一套新的領悟。

　　過去，母親罵我是老姑婆，或是被一些好是非者嘲笑嫁不出去時，我真的會很難過。但現在，在經歷那麼多事後，我學會一點，每個人的人生，不管已婚或單身，都會有各自的問題，沒有人能夠做到十全十美。那麼我，只要專注過好自己的人生就足夠了。既然上天讓我單身，我就過好我的單身人生。雖然不否認有時也有覺得寂寞，但一個人寂寞總比兩個人寂寞好，遇不上對的人，我倒不如一直單下去。況且領略到單身的好處後，還真不想脫單，他人要怎麼看怎麼說，就隨他們去吧。我活得是否自在，舒服不舒服，我自己知道就足夠啦。不受他人言語左右，不放棄固有原則，就是我的人生信條。

　　當然，一樣米養百樣人，我這樣的想法，肯定會有人贊成，有人不屑。沒有關係，你們愛笑便笑，女人的苦，懂的自然會懂。不懂的，我也不求你懂，但請你尊重！

女人之苦（二）

　　很久之前，我在網上看到過一個貼文，內容是一位著名女星的訪談。記者問她，結婚多年，怎麼不生孩子。她回答說從來就沒有要孩子的打算，因為覺得生孩子養孩子是一件非常麻煩的事情。她的言論引起了不少網友的討論。我看到點讚最多，被置到最頂的一條留言是：

　　連生育孩子的苦都受不了，真是枉為女人！

　　留言很簡單，頭像是字母，我沒有辦法判定留言者是男還是女，不過我相信女性的機率很大。因為在日常生活中，我見過不只一位抱有這種想法的女士。

　　2018 年的時候，我到過一家按摩店按摩，與女技師聊起來。她問我結婚了沒有，我騙她說結了。她接著問我有沒有孩子，我說我從小就沒有想過生孩子。她有點不解地問：「你不覺得沒有生過孩子的女人不完整嗎？」

　　啊？竟有這樣的想法？在我看來真的是奇聞。不過我不想與她就這件事有任何爭論，於是回答道：「沒有啊，我覺得這樣挺好的。」

　　但她似乎不死心：「你先生沒有意見嗎？」

　　我笑道：「沒有呀，他與我相似，都喜歡自由，喜歡旅行，不想帶孩子。」

　　聽到我這樣的回答，她也沒再多說話了。

　　沒生過孩子就是不完整的女人？這是什麼奇怪思想？沒錯，懷孕是女人身體的一個功能，但老天爺給了你沒有說你必須要去使用呀，沒有去使用就是不完整的女人了？何以有這種

理論？說實在的，如果出生前我可以挑，我還真不想去當女人！因為以我當女人幾十年的經驗來看，當女人真的是特別麻煩，年齡體力方面很是吃虧，要承受的挑戰也特別多！不說其他，光是每月來報到的月經，就已經是一件非常煩人的事。尤其我這種體質，一口普通的涼茶，一碗家常老火湯，經期都可能受到影響。有時早了一星期來，有時來了一直不停，本應五天就結束，但一口涼茶可以使其延至第十一天都還沒結束。所以，即使我沒有食物過敏，但飲食方面又不得不留神。現在痛經的狀況基本已沒有了，但 2018 年前，我是痛到半夜睡不著要吃止痛藥的人。但 2018 年自日本旅遊回來後，就發現疼痛的症狀消失了，說來也真是神奇。如果問女士們怎麼看待月經這回事，我相信很多女士都會對它又愛又恨，愛是因為它是女士青春的秘密，恨是因為它可以牽動起很多的身體問題。但它真的不算最煩，因為幾十年來再煩也適應了，這種苦也遠遠不到最苦。對我來說，女人最苦，是女人為難女人的苦。

那位按摩技師也有一點點這種傾向。否則她不會認為沒生過孩子的女人是不完整的。她會尊重所有女人的選擇，她也會想到生育的苦以及因為生育讓女性在職場上碰到不公平待遇等各種問題。按邏輯說，大家是同一性別，應該更容易明白同性們的心理、生理、生活及職場上遇到的難處，因此也能給予更多的體恤與諒解。但不知為什麼，在生活的很多方面上，女人就是特別喜歡為難女人，其中婆媳關係就是世上最經典！

但婆媳關係真正的癥結不是女人，而是婆婆的丈夫。一位婆婆為什麼會在兒媳沒有什麼的問題的情況下仍要處處為難媳婦，處處跟兒媳爭奪話語權呢？雖說原因不只一個，但我相信最重要的原因是守寡式的育兒。這個守寡式，當然不是指丈夫不在人世，而是指丈夫對家庭關心甚少，對妻子不夠疼愛，對孩子成長的參與度基本是零，妻子好像寡婦一樣的獨自顧照孩

子長大，這樣的情況，孩子成了母親的全部，試問又怎會願意與別的女人分享自己的孩子呢？然而可悲的是，男主外女主內的思想根深蒂固，還有社會對母愛無極限的吹捧，讓普羅大眾都認為這樣的家庭模式是正常的，沒有什麼不對的。雖現代社會很多母親的思想已經開明了不少，但仍有很大部分的母親不去反思婆媳矛盾的真正原因——不稱職的丈夫。而是把所有的戰鬥力集中在那個奪走自己生活重心的女人——兒媳身上。

我很欣賞某位心理學家在家庭調解節目中說的話，當時節目主持人問起他那道煩人的問題：老婆與老媽掉進水中，你會先救誰？他回答先救老婆。當即就有人質疑：那老媽就不要了？心理學家說，老媽不是有老爸嗎？這讓所有人都頓住了。我相信如果有其他觀眾在場，一定會有人跳出來問：假如父親早逝呢？這個問題，不用心理學家，我相信我就能夠回答，父親早逝，母親沒法放手讓兒子擁有自己人生的話，那兒子就與母親過一輩子，一輩子都不要結婚，不要禍害人家無辜的女兒！當兒子的可以因為孝道而放棄自己的自由意志，但不能要求別人的女兒也同樣放棄自由意志吧？你的兒子是心肝寶貝，別人的女兒就不是寶貝了嗎？ 我真希望某些母親們可以聽聽那位心理學家的話，丈夫才是陪自己終老的人，而兒子終究要過自己的人生。

女人為難女人的第二個經典狀況，就是那張傳不停說不停的嘴。關於這一點，我從小便有深刻體會。小學五年級之前，我也算是一個努力融入群體的人。放學會約女同學們一起回家，上廁所時會問問鄰桌的女生要不要一起？放假的時候，也會邀女同學到家裏玩。但是與女生們相處久了，我發現女孩們很喜歡評論別人，而且什麼都可以說一通。評論衣著；評論髮飾；評論膚色與身材；評論書包款式……其實評論一下真的沒什麼。我不喜歡的是，當她們評論的時候，你必須配合，要與她們看

法一致，如果看法不一致，她們就認為你不是好姊妹。最讓我難以接受的，是她們討厭誰，你也要跟著討厭誰，她們喜歡誰，你也要跟著喜歡誰。那時雖然年紀小，但總覺得喜歡還是討厭，是個人喜好吧？為什麼做朋友就一定要喜惡一致？所以，到了小學五年級後，我與女生們可以聊的話題變得愈來愈少，再加上男生們的嚴重排擠，我便成了孤獨精一枚。

　　長大工作後，很不巧地，我工作過的幾家公司都是女人堆，而且大多是五十歲以上的女人。而我當時就只是個二十出頭的丫頭，很自然地成了她們戲弄的對象。我知道有時候忍一下事情會過去得快點，但我就是忍不了的性格，是她們沒事找事，用前輩的身分來欺壓我，我當然不跟她們客氣！結果關於我的壞話，就在各大部門間流傳。我記得某次同事甲告訴我，她本來非常討厭我的，因為同事乙告訴她，我在其他人面前說她的壞話，她聽到以後生氣得不得了。但後來與我一起工作後，覺得我傻傻的，沒有什麼機心。所以她認為同事乙是在挑撥。我當時很驚訝，因為我與同事甲完全不熟，我幹嗎要說她壞話？

　　還有一次更加離譜。某天早上我回到公司，發現女同事們用異樣的眼光看著我，其中一位女同事走來，笑嘻嘻地問道：「妹子，昨天是不是跟男朋友拍拖去了？」

　　「啊？我什麼時候有男朋友？」

　　「誰誰說的，她說她在某地方看見你倆，聽說長得又高又帥呢。」

　　「我也很想有這種男友，但我真的沒有。」

　　「不是嗎？我等會打電話問問她。」

　　那就問吧，反正我說了真話，別的我懶得管。昨天一下班便回家了，哪有跟什麼男朋友去逛街？說這些話的人到底是眼花看錯人還是故意為我製造麻煩呀？

　　這才剛回到公司，還沒開始工作，但整個部門接近三十人全都知道了，這樣的速度，比傳染病還要可怕。面對這種事情，

我想再有智慧的人都會感到無奈，除非是位高權重，否則真的很難去遏止女人之間那種愛八掛的心理。我能做的就只有保持清醒，不去參與到其中，這樣若真的要追究，我也有底氣可以保護自己。

女人為難女人的第三個經典狀況，也是我覺得最可怕的一個，就是把從男人那裏承受的壓抑，轉嫁到女性的身上。

不知道各位女性同胞們與自己的女性朋友常聊什麼話題？我沒什麼朋友，但十年前因為一部電視劇認識了一群女士，當中有位女士讓我真不知道該如何應付，她張口閉口都是「性」。一會說她與丈夫的閨房事，一會說與前度男友的風流史，即使不說這些，也會說很多黃色笑話。喝杯牛奶會說到男性的精液。盤子裡的香腸，就一定個聯想到男性的生殖器……我很記得某次飯聚，這位女士不知道怎的又提起性事，知道我仍是個未經人事的白癡後，就帶點心疼地說：「你沒聽過網上有句話嗎？一個女人一生沒有被男人上過，就等於白活了。」

啊？？？這是什麼鬼話？我當時有點不悅，沒被男人沾染過就是白活？照這種邏輯，是不是被男沾染得越多就越是有出息？那你為什麼去當老師，不去拍成人電影？但為了避免爭執，我忍著沒有說出口。那次聚會後，我與這位女士再沒有任何聯絡了。不過這不算過分。讓我感覺最離譜的是一些遭受辦公室性騷擾的女士們，當她們向女上司反映自己受到侵犯時，女上司竟然說，若不是你穿得不正經，又怎會惹到男人來侵犯你？這些話實在讓人憤慨！在我看來，這種女人與那些只懂為難媳婦的婆婆、只會責怪小三的妻子、滿口性事的女人是同一類人，都是父權深入腦髓的人。

那些為難媳婦的婆婆，只懂責怪小三的妻子們，她們一定有對丈夫不滿過。但事情到最後，她們還是選擇了沉默與忍耐，我相信背後最大的原因，是她們長期在父權意識的薰陶下，早

已默認了男人就是那樣，經常在外不顧家是正常的，風流出軌包養女人也是很正常，在家裏當大爺，看著妻子忙內忙外也是正常的。否則她們怎可能接受這種完全不平等的付出與犧牲？

那位滿口性事的網友，看似瀟灑自信，但我覺得她的內裏完全不是這麼回事。我不敢說我很明白她真正的想法，但我覺得一位幸福的女人，這方面得到滿足的女人，是不會把這種事到處跟別人說的，因為這是專屬於她與愛人的甜蜜時光，這種事兩人知道就足矣，又怎麼會把這種私密行為到處宣傳呢？

或許會有人說這位女士就是想炫耀一下呢。那我可不可以認為，這女士除了房事外便一無是處呢？否則，怎麼不炫耀一下包包，炫耀一下無名指上的鑽戒，炫耀一下自己的兒女，炫耀一下自己新裝修的家居，偏偏去炫耀這種事？況且除非聽者在現場看著你與愛人如何快活，否則你說得怎麼天花亂墜，人家心裏也未必相信。如果說這不是炫耀，她就是當你朋友，把自己的私事與你分享呢。若我是她多年的密友，這還勉強說得過去。但我只是在網上與她聊過幾次，僅見過幾面，這樣也可以把私密房事跟我說，那我只有一個種想法，就是她壓抑太久，需要抒發與安慰。

我的猜想是，在父權思想熏陶下，她認為性事方面都應該由男人來主導。當她有這方面需要但丈夫不主動，她又不好意思要求，只好一次次的忍耐。這樣的情況久了，在她心中便成了一種壓抑。當她的壓抑急需宣泄出口時，就很可能到處在其他女性身上尋求。她大概是想從別人的言語中，窺見一下人家在這方面的生活，若是跟她一樣的壓抑，大家就可以抱團取暖。又或者是透過這些對話，舒緩一下她這方面的壓抑，就好比與朋友喝著啤酒，談天說地釋放一下心中的苦悶。所以當見到我這種未經世事的，她就變得洋洋得意起來，因為再怎麼不滿足，好歹是她有我沒有。

我知道還有人會辯解說，她這樣就是真性情，現代社會「性」不是一種忌諱，想說就說，沒什麼見不得人的。沒錯，現代社會「性」不是什麼禁忌話題，我甚至很贊成給小學生上性教育課程，讓他們學會以一種正確的態度去面對這種事。但張口閉口都是性，把食物與飲品與性聯想在一起，這不是真性情，這是沒教養！試想想有人把你手中的牛奶與精液說在一起，你還會喝得下嗎？這種女人不是壞人，但我沒法欣賞她們。因為這樣做其實很不尊重伴侶，也不尊重身邊的朋友，這是她與侶伴之間非常私密的事情，若覺得有什麼不滿，想要改善的話，就應該好好與伴侶溝通，或是尋求專業的指導，在我們這些人面前說這種事情能得到什麼實際的改變？遇上喜歡胡編亂造，嚇唬他人的人，說不定還會越說越心慌。

致於那些看到女性受到性侵，卻反怪責他人是自作孽的女人們，我覺得她們是父權毒中得最深的一群。她們的內心深處會認為男人好色，男人下流，男人管不住自己的下半身，不但正常，還應該被包容與接受。所以，即使證據顯示男人是過錯方時，她們還是會認為錯的是女性。我估計這種女人，只有在女人面前，特別是地位比自己低的女人面前，才能重拾尊嚴。在心儀的男人面前，可能就是一隻唯唯諾諾的哈巴狗。但這樣的女人是不可能得到男人的尊重與珍惜的，試問那個男人會重視如婢女般的女人？不過這全是我的猜測，不認同就請別理會。但是如果你也覺得女性被侵犯，完全是自找的話，那還是請你好好反省吧！

其實在父權觀念的影響下，女人所遭受的罪又何止這些？在職場上，同為 40 歲的男人和女人，女人普遍都被認為是爛茶渣。若 40 歲還沒有嫁人生子，就會被其他人拿來議論，胡亂猜測她是身有頑病還是性格古怪什麼的。嫁出去的女人也不見得一定幸福。很多女士要一邊工作，一邊負責帶小孩及料理

家中所有事務。若是加班沒有顧上孩子的功課輔導，還有可能被斥責是不盡責的母親。相反，男人就可以盡情地忙他的事業，下班後還可以與朋友喝酒聊天，做自己喜歡的事情。偶爾陪孩子一兩回，就會被稱頌為難得的好丈夫……而以上的種種，在背後七嘴八舌，討論得最熱烈的往往都是女人。

我不是指責這一部分的女性，只是感歎她們受父權影響太深，即使自己也受過同樣的傷害，同樣的不公平對待，但她們卻甘心接受，還把這些事情合理化，當看到被父權意識傷害的女性時，她們非但沒有同理心，反而認為這些沒有服從父權觀念的女性是有問題的。對父權馴服到此種地步，實在是匪夷所思。

遇到那些為難我們的女人，我的做法是，以另一個角度去理解她的行為。在妒嫉、口出惡言、搬弄是非的背後，可能是教育的欠缺，可能是生活壓力堆積出來的結果，又可能是缺愛的表現。不要誤會，我不是叫你們當個聖人，看在這些女人有苦衷的份上去包容她們那些傷害人的行為。我們這樣做，其實是照顧我們自己。因為換這樣的角度去想的時候，你會發現真正可憐的是她們不是我們。要是她們不去檢討自己，不去改正這種行為，生活必定在某天給她們一個大教訓，我們等著吃花生就好。但若遇到那種不知所謂的女上司，什麼都不用說，立刻向上頭舉報，維護自己的人身安全與合法權利，比任何事情都重要。

學會愛自己才是最好

　　不久前，王力宏與前妻徐靚蕾的離婚弄得沸沸揚揚，不管香港還是大陸，這件事都成為大家茶餘飯後的熱話。然後各路網紅也為這件事紛紛發表意見，我先申明我的立場，綜觀整個離婚事件，我是 100% 站在徐靚蕾一方的，所以當看到一些男網紅甚至女網紅在斷章取義，去頭斬尾的指責徐靚蕾時，即使是我欣賞了很久的網紅，都果斷地取消了訂閱。道不同不相為謀，就沒必要關注下去了。不過我這次不是爭論誰是誰非，我想說的是徐靚蕾微博五千字文下的一句留言：

　　為什麼女人一定要結婚？婚姻到底能給女人什麼？

　　我希望部分男士或是女士不要先入為主地認為，女人沒嫁出去不外乎就是眼光太高，貪慕帥哥，一心要嫁入豪門芸芸。說真的，我個人認為喜歡帥哥沒有什麼問題，很多男人不也喜歡美女嗎？把外貌設定為擇偶的唯一指標才是問題。想嫁入豪門，也不是什麼問題，誰不希望人生可以過得輕輕鬆鬆？為了嫁入豪門不擇手段才是問題。不過這也不是我真正想說的，我真正想說的是，希望大家可以暫時放下心中既有的想法，品味一下說出這句話背後的心情。

　　「為什麼女人一定要結婚？婚姻到底給女人什麼？」

　　看似是質問，還帶點埋怨，但這句話的背後其實是滿滿的失望與唏噓。

　　到現在我仍然相信，世上大部分的女人都不是天生愛孤獨。女人是情感的動物。很多女孩子小時候喜歡童話中的愛情，

幻想自己會成為童話中的主角，長大後會經常幻想自己戀愛時的情景，對自己未來的另一半，未來的家庭都充滿了期待。我也不例外，如果八、九年前有人問我，你最想要的是什麼？我的答案一定是，想找一個很愛很愛我的人，然後一起組織家庭，可以脫離父母，過上快樂平靜的生活。但當心理治療進行了一年多後，我的想法來了個 180 度的改變。我變得喜歡單身，還對婚姻有恐懼的感覺。我把這種心境變化跟心理學家說，心理學家問我為什麼有這樣的變化？我說因為過去沒有認清自己，因為把婚姻想像得太簡單，因為我知道我真正想要的不是婚姻。

在心理治療開始之前，大概戀愛經驗實在太少，所以我對婚姻的看法一直都很簡單。跟很多小女孩一樣，以為像童話般，公主王子從此在一起，永遠幸福地生活下去。對「因誤會而結合，因理解而分手」，「婚姻是愛情的墳墓」這些話都是嗤之以鼻，覺太涼薄也太悲觀了。愛情那麼神聖偉大，怎麼說得如小孩子過家家般兒嬉？既然二人是透過瞭解，相愛，有一定情感基礎後才結合在一起，家庭就一定幸福呀，怎麼結了婚就沒有戀愛了呢？但當看著身邊一個個愛情故事的開始，一對對進入婚姻，再到一起面對生活中各種煩惱與瑣事後，這些話雖然我仍然覺得涼薄，但也不否認有一定的道理。

在過去的幾十年，我雖沒有什麼戀愛經驗，卻見證了很多情侶的分分合合。有的非常順利，從戀愛到結婚，再到子女的出生，可以說沒有經歷過什麼波折。有些則是換了幾任男友，才修成正果。有些則是分了又合，合了又分，繞了個大圈，最後還是走在一起。當然也見過幾對從情深熱戀到成為陌路人的。

總結這些旁人的戀愛經歷，我發現一段戀愛的開始其實很簡單，很多時候就是一剎那的事情。一個點頭，一個笑容，一句溫馨的話語，一個眼神接觸，然後戀愛就萌生了。接下來就是試探，追求，告白，確定關係，戀愛開始。然而人是多面性的，

心動的一刻，可能只是某個觸動人心的點，但當兩人真正在一起，彼此瞭解漸深後，才知道不是那麼一回事。

原本以為很文靜的很好相處的人，瞭解後才知道是原來完美主義者，讓另一方感到很有壓力。原來以為老實憨厚的人，相處後才知道，原來是個沒有主見，任何事情都必須請教母親的人，讓另一方覺得他還沒長大，不宜托付。很多情侶都有過這樣「不似預期」的經歷，如果二人沒法子適當調整共同成長，那就只能因瞭解而分手了。但順利走進婚姻殿堂，就從此以後幸福快樂地生活下去了嗎？不是的，至少我看到的是這樣。不管多恩愛的夫妻，都必須面對雙方親友家人關係協調的問題，日常的柴米油鹽水電媒，子女的學習與教育方針，還有自身工作的壓力與人際交往。很多夫妻就是在這些煩瑣的雜事中把當初的愛情消磨至盡。所以婚姻，絕對不可能是我當初想的那般簡單。

當我真正看清這一切後，我從埋怨變成了感恩，我感恩現在單身的狀態，也感謝自己沒有因為想擺脫原生家庭而隨便走進婚姻，尤其作為女性。我不是否定男人的壓力與煩惱，但有些地方兩性注定是沒法平等的。在職場與家庭方面，女性大多都是付出更多，犧牲更多的那一方。

本來我以為都已經二十一世紀了，現代女性普遍受過教育，有不少更擁碩士、博士學位，履歷非凡，不管能力與思想觀念都比過去大大提高。那種女性為家庭操持一切的模式已不再是社會上的主流，有條件的家庭都請了外傭幫忙家務帶孩子，女性可以為自己的理想與事業投放更多的精力。可當我接觸的家庭多了，才發現自己錯了。不管女性的學歷與社會地位如何地提高，某些天性是怎麼都改變不了的，那就是對家庭的守護，對孩子割捨不掉的牽掛。

十幾年來，我因工作可以接觸到很多家庭，而我接觸的家

庭十有七八都是長年見不到父親身影的，哪怕我已經教了他們的孩子四，五年，我也只是從牆上的全家福中窺見孩子爸爸的模樣。媽媽倒是經常碰見，即使有外傭幫忙，很多媽媽還是會親自打點孩子每天的飲食，幫孩子收拾好書包，還要跟進他們的功課。至於爸爸們嘛，我倒是見過有一兩位，我在一旁教孩子，他坐在沙發玩手機的。但我看到的這些景像不過是家庭的一面，真正的家庭生活，是無數的家務雜事，公婆親友的來往走動，伴侶子女間的日常相處，還有工作與消遣，總之就是繁瑣又煩人。如果把這些都加在我的身上，以我過去的那種狀態，我承受得了嗎？

幾十年來，我成長於一個沒有愛的家庭，長期處於一個抑鬱的狀態，過去我想要結婚，是因為我想掙脫原生家庭，過上被人呵護沒有任何吵鬧聲的新生活。但我沒有去細思我的狀態是否適合進入婚姻，更沒有認清自己想要度餘生的是個什麼樣的人。當心理治療進行了一段時間後，我才開始認識自己。我雖非不講道理，不是不懂體諒人的人，但長期在欠缺愛的環境下長大，內心會無意識地向身邊人索取關愛與理解，教會裏那群教友，便是我曾經索取的對象。但他們是教友，與我見面的時間有限，所以即使他們不知道該拿我怎麼辦才好，也不至於對我厭煩。但若這個索取的對象換成是我的伴侶會是什麼樣的光景？恐怕對我有再多的愛，都會被我嚇跑吧？如果有了孩子，這孩子早晚會變成另一個我。其實我真正想要的是被愛，只是過去誤把婚姻與被愛劃上等號，才會對婚姻有所期待。

在第二次心理治療開始後的前期，我與社工也常說起這方面的話題，我的答案一直是渴望被愛。但到心理治療將近結束的時候，我的答案又改變了。經過再次的自我探索，沉澱，治癒後，我發現我連被愛都不需要了，因為我已經學會了愛自己。我的真實個性也被全然釋放出來，相對於被愛，我更想要的是自由。所以我打從心底抗拒人情世故，抗拒困在辦公室的工作，

也不想為了家庭而沒有了自己的空間與生活，比起當妻子，當媽媽，我還有很多事情想去做。我想學習藝術方面的事情，繪畫、攝影、樂器、舞蹈等等。我還想到處去旅遊，體現各地的人文風情。假如我有一個家庭，這些事情我還能做嗎？假如我有伴侶，他會支持我做這些事嗎？

不要誤會，我不是不婚主義者，也不是在貶低婚姻。所謂「子非魚，焉知魚之樂。」單身或是已婚，都有各自的問題與精彩。

我處於單身狀態，我有更多的自由與時間來做自己喜歡的事情。但有些選擇婚姻與育兒的女性，我同樣從她們的談吐和眼神中看到為人母為人妻的幸福與樂趣。到底單身好還是結婚好？我沒有確切的答案，現在的我樂於接受上天的安排。若是某天遇到良緣，我會欣然接受，我願意為他放棄部分自由，與他攜手共度餘生。但若上天要我單身，那我就過好單身的生活，享受一個人的寧靜與愜意，毋須羨慕他人，也毋須抱怨上天。

單身？結婚？沒有哪個更好，學會愛自己，照顧自己的需要就是最好。

我的父母為什麼不懂愛

前兩天，一口氣看完了韓劇《少年法庭》，我再一次覺得，凡是犯罪刑偵類的影視作品，韓國的出品，絕對是數一數二的好。

從劇名來看，就知道這是一套關於少年罪犯的電視劇。一口氣把只有十集的電視劇全部看完。我所理解到的主旨是：惡魔沒有年紀之分。成年人以為法律上的寬容，能給予孩子保護及改過的機會，殊不知卻成了少年惡魔們犯下滔天大罪的誘因——因為年齡不足，可以免於刑罰。但我覺得更值得注意的不是這些年輕的惡魔，而是他們為什麼在上初中的年紀便成為惡魔。背後的原因不外乎一個，就如一位解說這套電視劇的網紅說的，這些少年罪犯的父母，沒有一對是無辜的。在他這句話的基礎上，我還要補充一點，為什麼這些父母會讓孩子成為罪犯？因為這些父母不懂得愛。他們不懂愛的原因，同樣是因為他們的父母，父母的父母，都不懂得愛。

且看看我小時候以及我的父母，父母的父母們學的什麼樣的親子教育。

《二十四孝故事》、《子弟規》，《孝經》等，全是一些把「孝道」做給別人看的經典。《二十四孝》中的幾個故事，更是叫我深刻難忘。

《孝感動天》：　惡毒繼母多次設計想要害死舜，但舜卻從沒計較，用自己的孝心感動了繼母，最終成為傑出領袖的故事。

《埋兒奉母》：　孝子把所有財產分給自己的兄弟，自己一窮二

白，還要供養八十歲的母親，最後為了節省糧食，要把自己出生不久的孩子活埋，然後感動了上天，在挖坑埋孩子時竟挖到了大堆黃金！

《臥冰求鯉》：　大冬天裏，孝子為了釣得鯉魚給繼母補身，用自己的體溫去融化冰雪，最後鯉魚被他的孝心感動，跳出水面犧牲自己實現了他的願望。

聽老師讀完這些故事後，我心裏浮現一堆問題。

《孝感動天》：　對壞人無底線的包容真的可以感動壞人嗎？如果這壞人不是繼母，舜還會不會包容下去？如果不是母親就不能原諒的話，那麼是不是說，只要身分是父母做什麼（包括殺人）都可以？

《埋兒奉母》：　把吃得最少的人給活埋了，可以節省多少糧食？為什麼不把小孩賣給有錢人家，而要把他活埋了？再者，父母真的可以活埋小孩而不用受到罪責嗎？

《臥冰求鯉》：　假如孝子不小心把自己先凍死了，誰來照顧後母？？

還有，怎麼《二十四孝》故事，十有八九都是母子，父親要不都死了，要不沒交代，男人的壽命全都那麼短嗎？還是我們的聖人認為，照顧家庭就只是母親一個人的事？小時候，我都把這些問題收在心裏，不敢去與老師討論。因為儘管那時候年紀小，但我知道我是活在一套規章制度之中。我說什麼話，看什麼書，接受什麼教育，都是規定好的，我只要跟著做就可以，其他的最好少說。

然而 30 年時間的鬱悶痛苦，有些事情真的是不吐不快。如果說孩子都是稚嫩的幼苗，都需要悉心的呵護，那為什麼有那麼多的孩子跟我一樣，不但得不到呵護，還要在那種完全不

諳世事的年紀承擔父母的錯誤與折磨？原因就是這些經典，這個延續幾千年的「孝道」教育，把我們的父母都抬到神枱上，如神仙般聖潔高尚，永遠不會出錯，而孩子們就是仰望神的凡人，要時時刻刻，小心翼翼地侍奉著神。

《孝感動天》： 繼母是絕對的權威與至高無上，舜作為孩子要無條件的包容與侍奉。

《埋兒奉母》： 父母給予的生命，就要做好隨時歸還的自覺。

《臥冰求鯉》： 一樣道理，要你奉上生命的時候，你就得義無反顧。

　　《二十四孝》故事外，還有另一套更極致的經典《子弟規》，當中的：

　　父母呼　應勿緩　父母命　行勿懶

　　父母教　須敬聽　父母責　須順承

　　父母叫喚我們時，應該一聽到就立刻回答，不要慢吞吞的答應。父母有事要我們去做，要趕快行動，不要借故拖延，或者懶得去做。父母要我們學好而教導我們時，必須恭敬而不可隨便，要將話聽到心裡。我們犯錯了，父母責備我們，應當順從並且承擔過失，不可忤逆他們，讓他們傷心。

　　親有過　諫使更　怡吾色　柔吾聲

　　諫不入　悅復諫　號泣隨　撻無怨

　　父母親有了過失，當子女的一定要勸諫改正，而勸諫的時候，絕對不可板著面孔，聲色俱厲，臉色要溫和愉悅，話語要柔順平和。假如父母親不接受我們的勸諫，那要等到父母高興的時候再勸諫。若父母親仍固執不聽，有孝心的人不忍父母親陷於不義，甚至放聲哭泣，來懇求父母改過，即使招父母親責打也毫無怨言。（解釋來自網絡）

　　綜觀上面的故事與教條，事事都得恭順服從，小心謹微，務求生命的每分每秒都在回報鞠育之恩。我怎麼看都看不出親

情味，反而看到神明與凡人，君與臣，貸與還的關係。這種不管好歹，一味地把父母捧上天際的教育真的很可怕。因為這只能讓那些自私的父母更加肆無忌憚，變本加厲！

看看我的外祖父外祖母是如何對待我母親的。母親不是外祖父外祖母期待的孩子，但這是母親的錯嗎？墮胎不成後就把全部的懊惱加諸在母親的身上。從不把她當作是女兒看待，而是把她看作家中多出來的免費女傭。對其餘兩個孩子則是百般疼愛，看著母親被舅舅與阿姨欺凌漠視，外祖父外祖母都是置若罔聞，嗤之以鼻。而母親日復日，年復年地如《子弟規》中說的「父母呼 應勿緩 父母命 行勿懶」，一點都不敢怠慢，但就可以孝感動天了嗎？很顯然沒有，否則母親怎會有如此深刻的埋怨與苦澀，深刻到不管她怎麼發洩都沒法讓心中的恨減退半分。直至現在，她已年過古稀，卻仍困圍在過去的悲傷中，不懂自拔，不會成長。

再看看我的父親，11 歲自祖父離世後便遠走他鄉，肩負起養家的責任。但為何祖母完全沒有心疼不捨？因為她是一位母親，自古母親就是理所當然地接受孩子報答的。但父親當時只是 11 歲的孩子，即使是家庭環境真的很困難，困難到不得已讓只有 11 歲的兒子輟學養家，也會盡量把他留在身邊吧？至少能經常看顧，至少能在他勞累一天後，可以給他熬一碗熱湯。遠走他鄉，就不擔心他會被欺負嗎？不擔心他能否好好吃飯嗎？不去想想 11 歲的他能好好照顧自己嗎？這些沒有成為人母的我都能想到，但祖母卻沒有想到。

不過對於這些，父親好像也不太在意，他是孝道堅定的守衛者。對於兄弟姐妹，他就同樣如《子弟規》中說的「兄道友 弟道恭 兄弟睦 孝在中 財物輕 怨何生 言語忍 忿自泯」，盡力地愛護自己的弟妹，也從不去與他們計較錢財。但妻子與子女都不是同胞血親，只是給家人的一交代，當然不

能多給一分錢了。我很相信若是問父親，他眼中的盡孝是什麼，與兄弟和睦相處的秘訣是什麼，為人夫為人父的責任是什麼，他的答案就只一個：錢。給母親錢，給兄弟姐妹錢，給老婆子女錢，他就盡了全部的責任，而且做得非常完美了。

一位是沒感受過愛的女人，一位是完全不懂愛的男人，因為年紀到了，因為家人的催促，在沒有見過幾次面，沒有多少情感基礎下組成了家庭。結果終日吵鬧聲不絕，雞飛狗跳。一對子女一人需要心理治療，一人入住精神院。但因為他們是父母，自遠古時代開始，人類 DNA 中便刻著父母是至高無上，父母不得被忤逆，父母不用反省不用認識自己錯誤的基因。所以面對這個破碎的局面，我的父母就只會歸咎於上天，怎麼運氣如此差勁，卻從不去想家庭變成這樣到底自己有沒有做錯什麼？怎麼做才可以修補這破碎的關係？而世人為了當別人眼中的好人，即便是心裏覺得不妥，也不敢直面指責這種親子教育。還把這套方式奉作不可違逆的金科玉律。從不去嘗試瞭解一下在這種不懂愛的家庭下，在這種「父母就是神明」式的親子教育下成長的痛苦。

其實我不是說孝順不對，感念父母的養育之恩不對。但孝順，不代表要承受父母自私無理的要求；不代表不管對錯，都百分百地順從；不代表人生要被父母肆意地操縱；不代表如《埋兒奉母》一般，為盡所謂的孝道，去犧牲無辜之人的利益與生存的權利。

任何類型的情感都要培養與維護的，親情也不例外。所以，別過分吹捧血緣，也不要單一地認為血緣就等於愛。否則，怎麼可能有那麼多倫理慘案的發生呢？情感永遠是雙向的，假如父母為了維護個人的尊嚴，一直以高高在上的姿態去面對自己的孩子。那麼就別怪孩子長大後不與你親近，別埋怨他有能力遠走之時，就毫不留戀地離開。因為這世上沒有誰喜歡一輩子

只有服從，當他有能力，他肯定如掙脫繮繩的野馬，一去不返回。相反，若從孩子幼年時期，便給予他平等、尊重及關懷，引導他形成正確的價值觀與人生觀，那麼他反饋給你的，也會是平等、尊重與愛！根本不需要把那些封建教條搬出來，時時刻刻提醒他，你的出生就是虧欠，就是要報恩，這樣只會給他巨大的壓力與無謂的心理枷鎖。

　　幸好，現代社會不停轉變，這些父母獨尊式的家庭關係教育已經漸漸消褪，但新式的親子關係同樣也引發新式的問題，比如公主病，媽寶男等。不管如何，沒有健康的人格，是很難成為稱職父母的。所以，若想將來成為父母，就請先學好做人吧。但願未來能少一些我這樣的人，少一些我家這樣的家庭，每個小孩不但身體健康，心理也是健康的。

不是所有老人都值得尊敬

每天，我都會坐一趟小巴回家，而每次都會挑單人座位來坐，如果單人的座位坐滿，不管剩下有多少雙人位置，我都不會上車，寧願站在原地等一下班小巴到來。某天，一位司機忍不住問我，為什麼一定要坐單人的座位？我回答說，沒什麼，就是喜歡一個人坐。司機也不是好事者，大概天天見我這樣，才忍不住好奇問我。見我這樣回答，也沒有繼續問了。我當然不會跟他說真話，因為解釋起來真的很麻煩。

但有些時候，我實在不解釋不行，就是與網友們出行的時候。假如有三人一起出行，乘坐交通公具時，我就會請求她們分別坐在我的兩側。假如只有兩人出行時，若一位老人在我的另一側坐下，我便會立刻站起來。有這樣的舉動引起別人的好奇也非常正常，所以我只能一一解釋道，我希望你們坐在我兩側，是因為想避免有老人坐在我的旁邊，我立刻站起來，是因為我實在受不了有陌生的老人坐在我的旁邊。這些做法讓人很直接地就認為我在嫌棄人家年紀大，網友們覺得很不解，我也只能簡單回應一句：「因為有老人家給我不愉快的經歷。」除此之外，我不想說太多了，因為給我一天時間，我也未必能說完。

我也不知道自己身上到底什麼地方出了問題，從十一歲開始，就一直吸引一些老色鬼。那些在街上對我出口調戲，或是快步走過撞我一下的多不勝數。當然，還遇過不少明目張膽，試探法律的老人家。

12 歲那年的大年初一，我們一家難得到園公去參觀花展。

進入公園後，我看到一個日式佈置的角落特別漂亮，於是跟母親說了一聲，便一人走了過去看。我才走到圍欄旁邊站定，一位牙齒已經掉了好幾顆，穿著一件灰黑大衣的老人走了過來。剛開始我也不太注意，誰知道他越走越近，手背碰到了我的手背，還陰陽怪氣地問：「小妹妹，一個人呀？」我那時受的教訓已經夠多了，所以毫不客氣地吼道：「不是！死色鬼！」然後立刻跑回父母身邊，好好的興致完全被破壞掉了！

16歲那年，我拿到了香港的身分證，但因為學業沒有完成。所以四年的寒暑假，我都是坐著大巴內地香港來回。某次寒假結束後，我坐大巴回內地繼續學業，坐在我前面的一位禿頭老人，車程的前兩個小時，幾乎每隔一分鐘就回頭看我一次。當我回瞪他的時候，他立刻把頭搖了搖，裝作看公路兩旁的路牌。可恨當時車內已沒有其他空位，我沒法換位置，只能他望一回，我便瞪他一回。

誰知出人意料的事發生了！

「砰！」一聲，我感覺到自己的身體好像被什麼東西用力拉扯，不由自主猛地往前傾。當定下神來才知道，我們的大巴撞上了前面的那輛大貨車。但幸好車速不快，事故只造成了車頭損毀，擋風玻璃碎裂，除了一位阿姨說撞到頭要去醫院檢查外，其他乘客都安然無恙。公安把我們安置到公安廳的一間會議室中，等待大巴公司派另一輛車來接我們，還準備了點心與茶。我當時肚子一點都不餓，所以什麼都沒吃，就靜靜地坐在一旁。

然而那條禿頭老蛆蟲就是見不得我一個人安靜，周圍有其他乘客，他不敢太放肆，沒有直接坐在我旁邊，而是坐在我旁邊的旁邊，我與他中間隔著一張酸脂椅。但他卻不肯安分地坐著，整個身體向我靠過來，一隻手放在中間的椅子中，撐著他那乾瘦上身。然後還開聲問我：「怎麼你都不吃點心呀？」我

連回應都懶，馬上站起來坐到離他較遠的兩位女士中間。後來車子到來，我直接坐到司機後面的座位與一位女士同坐。就讓他看後腦看個夠吧。到步後我為免他再來煩我，連公車都不等了，直接打的士回學校去。

我本來以為，隨著年紀漸長，這股吸引老色鬼的氣場會隨之消失。因為我身材壯碩，打扮土味，土到經常被警察查身分證，這樣一個發臭的豬頭，應該連蒼蠅都不想叮吧？可我真的錯了！這世上真的有失去味覺，視力出錯的老蒼蠅。

那一年我已經 26 歲了，上班前在香港仔一家大型連鎖快餐店用早餐。用完後見還有時間，便從手袋裏拿出一本消閒雜誌來看。這時，身邊突然多了一道陰影，我一看是旁邊桌子的老男人，目測接近七十歲的年紀，隱約記得身穿白色 T 恤，好像頭上還擱著一副太陽眼鏡。他的頭靠得很近，快要與我的頭碰上了。唉⋯我心裏歎了一口氣，回公司吧！然後干脆利落地把雜誌塞回手袋中起身就走。那個老男人也許是惱羞成怒，在我背後大叫道：「我不過是想看看這雜誌有什麼內容，你怎麼一點禮貌都沒有？」我沒有禮貌？是你把頭靠得那麼近，姿態曖昧，到底是誰沒有禮貌？！不過我不想跟他爭論，反正餐廳裏受注目的是他，出醜的也是他。

這種事情，在我 28 歲以後就甚少發生了，但心裏的那道陰影仍是揮之不去。所以每次乘搭公共交通工具，我都會很在意坐在我旁邊的是什麼人，只要是上年紀的男人，我都會立刻走開。即使不是坐著，只要發現身邊有上年紀的男人，我都會走開。平日走在路上，我也會格外注意身邊有沒有上年紀的男人走近，只有發現在這樣的人物，即使兩人有兩，三米的距離，我都會加快腳步離開。

當我嘗試耐性地向同事與網友們解釋過這些行徑背後的原因，大部分都沒有什麼意見，如果與我同行也願意配合我。但

是偶然也會有一兩位聖母勸我要放下。當然也有同事質疑道，我這種外表怎麼會有人起色心？問我是在炫耀還是在說謊。當聽到這些話時，我心想這些人也真的沒救了！炫耀？誰會用這種事來炫耀？又不是引來高富帥的青睞，是上年紀的老色鬼，有什麼好炫耀？還有說謊，我為什麼不說個好一點的謊言？說自己被一個高富帥熱烈追求，總比被一堆老色鬼盯上好吧？我明明是在恐懼與自卑中，她們卻非要覺得我在自豪，這就是人性！不過我也不會像過去般在意了。人嘛，總是有其多面性與複雜性，有人相信你，就一定有人不相信你，他們要怎麼想，我都控制不了，只要我問心無愧就可以了。

不過，雖說我接受人的多面性，也尊重社會的標準與規則。但並不代表我會因為這是社會的標準與規則，就會默默忍受這些規則當中的錯誤，並且對其屈服。所以，我要控訴的不只是我過去遇到的那些為老不尊，我還要指責個社會上不管好壞，不分是非對錯的「敬老」。

我認同敬老本身是一種美德，這是無容置疑的。很多老人家也的確值得尊敬，他們勞碌大半生，為社會貢獻良多，所以到晚年時期，享受到更多的優待與照顧也是合情合理的。但我們該尊敬的是他們的貢獻，他們從生活中積累的智慧，而不是只要年齡到了，不管好壞都會被當成神被尊奉在神枱上！那些對我有不良意圖的老人家，已經活到一把年紀了，怎麼還會如此下流放肆？我個人認為，一部分的原因是壞人變老了，而另一部分的原因就是老人家這個身分。這個身分是被大力提倡要尊敬的，要重點保護的。因而，會有一部分老人家倚仗這種優勢，來大肆放縱自己的自私與卑劣。然後又有很大一部分人為了不想做別人眼中的「不敬老」而配合著縱容著他們的自私與卑劣。

我曾在一家政治機構當過幹事，一些物資與禮品在派發前

已明文規定是會員才可以享有，非會員之人是不會有此福利。但一些老人家就不是依不撓，出示不了會員證又想佔便宜，被拒絕後就在眾人面前大喊大叫，說自己幾十歲了，拿點東西怎麼就不可以。很多事例證明這招很有效，上司與領導往往會因為對方「年紀大」而屈服，當然也包括我的上司。

　　我在網上曾見過這樣的一段視頻：一位看上去身體硬朗，中氣十足的老人非要一位年輕女士給他讓座。但女士不願意，因為她懷著三個月的身孕。但這位老人不相信，非要這位女士給他讓座。最後兩人吵到上警局，結果證實這位女士的確是懷有身孕。站在我的立場來看，不管這位女士有沒有身孕，我都覺得她有不讓座的權利。為什麼年輕一點就一定要讓座？工作累了，逛街累了，坐一下有什麼罪過？為什麼不讓座就一定受到譴責與批評？為什麼有些阿嬸大伯，人家派發贈品時可以第一時間跑到前頭去拿，怎麼搭乘公車時站一下就覺得委屈？再說讓座的人就肯定品格高尚了？他可能上車前不久才欺負過一位新入職的同事，把自己的工作甩給別人，自己提前下班也說不定呢。然後又有誰能保證讓座的人肯定是出於真心敬老？他有可能是不想當人家眼中的「不敬老」才讓座的呀。不管別人怎麼去想，我就一個原則，敬老也好，做慈善也好，一定要出自真心的，要感覺舒服又踏實的。否則，做再多的好事，都只是沽名釣譽，蒼天是不會把這些「好事」記入福祿冊中的。

　　請別規勸我，人家是老人，你就讓一下吧；有些老人家可能太寂寞，才會做出這種輕浮之事，你就體諒體諒吧；他們的人生也許都沒剩幾年了，就不要與他們計較了吧；他們沒有對你造成實質性的傷害，你就當沒有事發生算了；還有最厲害的一句：他們是有不對，但你也不應該出現在他們面前……等等。說出這些話的聖人們，有老人來排隊的話，你千萬要讓他們插隊知道嗎？而且來多少個讓他們插多少個。若是有老人來拿福

利，記住要把自己全家的都給他知道嗎？假如你的女友、妻子、女兒某天也遭到這些老人的非禮，請你務必帶著她到這位猥藝犯面前叩頭認錯，讓自家的女人引你非禮，實在對不起。只要你能做到這些，我送你一個「道德標杆」牌匾，還要致電各大傳媒表揚你的德行！我說到做到，絕不食言。但你若認為只有自家權利與自家女人必須維護，他人家一切不關己事的話，那就請收起這副聖人嘴臉。

尊重老人家從來都沒有不對，我也見識過很值得尊敬的老人家。我的學生中，就有過一對退休的夫婦。妻子是個爽朗大方之人，先生更是風度翩翩，書卷味十足。他們表現出來的風度與智慧，就很值得我這種後輩尊重。可是那些人格敗壞，自私自利之徒，難道因為年齡大就要包容原諒了嗎？雖說是敬老是遠古流傳的老祖宗遺訓，但古人就一定沒有錯了嗎？當然不可能，古人最大的錯，就是刻意忽略人性有千百萬種，把父母長輩塑造成完美的人。凡是父母，就一定懂得愛子女。凡是老人，就一定是對社會有貢獻，一定懂得人間疾苦，充滿生活智慧的。所以不管怎樣的父母，怎麼的老人，他們都以一種極盡卑微的姿態去「敬」。為的就是把自己樹立成道德的標杆，供後世景仰。若不是他們貪圖榮耀，那麼現在的教條，就會變成：我們該尊敬品格高尚之人，而不只是年齡與身分。

我說出這些，也並非要給古人挑刺，我只想擺脫多年的框架與局限，說出更多真實現象，希望社會能有更多的公正，不會因為犯錯的是老人，是父母，就一定要被諒解包容。更希望那些正在受欺壓的人，不要受困於這些道德教條而不敢為自己遭到的不公發聲，我們的人身安全與合法權利都應該得到保障，當受到侵犯時，哪怕對方是德高望重的老人，也必須站出來發聲！不要總用「老了」來說事！壞人變老了仍然是一個壞人，不是嗎？

25

親情牌

　　尊貴的親戚與長輩們，如果你說你們親戚間很少來往，又或者說你自問與親戚們相處得非常和睦，從沒有搬弄是非，也不曾發生衝突，連子女們都相處得非常不錯，那麼接下來的話你可以當笑話看，也可以選擇完全不看。同時，我也在此表達對你們家族的無限羨慕，有這樣厚道的家人，真的該備上豐富祭品帶上高香，到廟裏拜謝神明了。至於那些與親戚有著種種嫌隙的人，以下的話若適用，你們自己對號入座。

　　各位尊貴的親戚，你們自詡吃鹽比晚輩們吃米多，擁有無窮的生活智慧，那麼你們一定知道年輕人最討厭節日的三甲中，我們的農曆新年必定入榜，若不是因為年初一二三是假期不用上班，年輕人們甚至不介意這個節日消失。農曆新年這種喜氣洋洋的節日為什麼會如此討厭？沒錯，當然是因為尊貴的親戚們。

　　其實若能好好地吃一頓飯，正常地聊天，正常地分享一下彼此的近況，不求感情有多深厚，只要大家的態度是正常、坦率、真誠的，我相信年輕人不會抗拒這種一年只有那麼一兩回的相聚。

　　可是本來應該享受相聚時光與美味食物的餐桌上，年輕人們聽到的都是什麼？工資多少？何時升職？何時結婚？何時生孩子？若是小孩子的話，打算升讀什麼學校？考試拿第幾？學了什麼才藝？學校比賽有沒有拿到獎？當然也少不免要聽聽親戚們炫耀一下自己的滋潤生活以及子女們的成就。

尊貴的親戚們，你們也是過來人，當被問到自己的工資多少，何時升職時，你們不會不知道，這種問題會讓人感到壓力與厭煩的吧？當被問到何時戀愛，何時結婚時，你們不會不知道緣分是不可控吧？哪天才可以遇到對的人沒有誰可以保證？感情事不是去市場買菜，想買便買。買得不好只是損失點小錢，但擇偶要慎重，因為這關乎兩個人一生的幸福與未來，挑錯對象傷害到的是兩個家庭。你們覺得這樣催一下好姻緣就會自動出現了嗎？假如某天離婚，你們是不是同樣負起責任？你們不是總語重深長地說，十根手指各有長短的嗎？所以，你們應該知道不是所有孩子都是讀書的料吧？可為什麼見到人家的孩子，就喜歡追問成績呢？即便學習優秀的孩子，也不保證每年都考第一吧？你們不是經常說活到一把年紀了，有什麼沒見過的嗎？這些事情你們不可能不知道！但為什麼偏要讓年輕人們一頓飯吃得如坐針氈？讓小朋友們倍感壓力？你們是不是自認為年紀大了地位變高了，就忘了這些你們也有過的尷尬，就能盡情地利用手中的親情牌，在後輩身上找樂趣了？為了壓制後輩們的不滿，你們總是使出那張很好用的親情牌：大家都是親人嘛，開個玩笑而已，就別斤斤計較了。順理成章地，如果後輩有什麼不滿的話，就是不顧親情，胸襟狹隘了。

不要反駁，不要辯稱這只是關心一下後輩，你們知道，真正的關心是不會讓對方感到壓力和尷尬的。也不要說沒有什麼話題嘛，唯有找這些話題來說說。No！No！No！想過為什麼大家沒有話題嗎？因為大家經常不見面，以致相互不瞭解。那又為什麼經常不見面？你們自己也很清楚，就是因為彼此只是門面上叫親戚，實際上沒有什麼情分，當然你們也不在乎有沒有情分。你們在乎的，就是如何利用好這張親情牌，來讓你們榨取「親情」的價值。因為親人嘛，因為有親情嘛，不應該斤斤計較，就是互相包容，忍讓，說好聽話的。所以這種以長

輩身分向他人施壓時，看著他人難堪卻拿自己沒辦法，還能順便炫耀一下自己的感覺，是何等的舒爽暢快！換成是親戚以外的人，你敢嗎？不能說完全不敢，但肯定不會這般放肆，因為你們知道家族以外的人沒必要對你忍讓與客氣，但親人都是自己人，就是可以戲弄，可以取笑，事後看在親情分上也必須要原諒的。

我相信一定會有很多聖母為你們辯解，長輩親戚都必須要尊敬，即使社交技巧有些過時，你們年輕人就不可以包容一下嗎？

真的是後輩們不能包容理解嗎？還不如說就是你們這群聖母的縱容，才會讓他們的社交技巧沒有進步。我到現在都搞不明白，為什麼長輩就一定沒有錯？為什麼長輩的錯誤不能被指出？指出長輩的錯誤是會折損他們的健康，還是會讓他們掉一塊肉？別總是說長輩年紀大了，陳舊觀念很難改了。那麼請問你們已經試過去改變了嗎？如果還沒有嘗試過你們憑什麼認為他們一定改不了？現代社會醫療水平發達，長者的平均年齡可以到 80 歲以上。如果是五十多六十歲的長輩，至少還有二十多三十年的壽命吧？怎麼就不能隨時代改變去讓自己進步啦？既然那麼孝順，為什麼長輩用老人手機，你卻用智能手機？高尚如你們，應該配合長輩用老人手機！對人對事不可以這樣雙重標準哦！讓他們知道自己的作風已是過時需要調整，讓他們能與後輩們更好地溝通，這不是一件很好的事嗎？

好了，把話說回來，親情牌這東西，好用之處又豈止是戲弄後輩，在借錢的時候也特別好用。不知道你們有沒有在自家的親戚身上用過呢？我們家的親戚就很喜歡用，上世紀八十年代，一位與父親同母異父的叔叔突然間來到我家要求借 3000元。3000 元，換作是今天，不是什麼大數目，普通工薪家庭都可以拿出來，甚至不還也可以。但那是上世紀八十年代初，

3000 元絕對不是個少數目，母親說當時是咬著牙把錢借給叔叔的。借的時候叔叔說很快會還，但一晃差不多四十年了，這3000 元仍是欠款。連一封紅包都捨不得給我的父親，面對這筆借款時，卻對叔叔說，不急慢慢還。三十多年慢慢還，就當每年還 300 元，十年也還清了！但現在快四十年了，一分錢也不曾還過。說白了，就是親情牌！親人嘛，斤斤計較就不對了。

多年後，姑姑某天打電話來，向母親借十萬元，父親知道後就叫母親趕快借給她。母親有了前車之鑑，說什麼都不肯借。兩人為了這件事幾乎每三天來一次大吵。某天他們又為這件事吵起來時，我實在忍不住了。我先是問母親，為何要跟姑姑說你用了很短時間存了十萬元？人家以為你錢多，當然向你借錢了！然後我對父親說，既然那位是你的妹妹，你又如此重視親情，這十萬元由你來借，幹嗎要母親借？如我所料，這些話說出口後，一向覺得自己是出塵君子的父親與從來不認為自己有錯的母親，都自此閉嘴。

各位尊貴的親戚們，有沒有覺得這些片段非常熟悉？其實我有點懊惱我家不是大富之家，那些大富之家的大家長百年後，兄弟姐妹外加七大姨八大姑們爭產的自私嘴臉我無緣看到了。不過可以吃著花生，看著電視報導這些豪門爭產案，還是可以平衡一下我這種窮人的心理。

親情牌還有一個很好的用途，就是：大家都是親人嘛，就不客氣了。

我家遇到這樣的情況：就是親戚們說是來探望母親，結果母親不但成了他們的導遊，還成了他們的提款機。不管是外出吃飯的錢，景點門票的錢，坐公共交通工具的錢，還有他們買手信的錢，全部都要母親給。而且一玩就是一個星期。期間要求也不少，帶他們去吃飯，泰國菜不對口胃，越南菜吃不慣，去茶樓喝茶又說點心熱量高，做飯給他們吃，他們又說難得來

一趟，當然要多嘗嘗香港的美食。到他們回去時，說希望母親可以送他們，其實是希望回程的路費由母親來出，母親當然不願繼續當提款機，找藉口說那天有別的事要做，沒時間送他們，讓他們自己去車站。

事後，母親三不五時在我面前抱怨，這個月開支大了很多，真是大失預算。看她一副快要哭出來的模樣我本不該說什麼，但如果不阻止不知道她會抱怨到什麼時候，於是我說道：

「那些人什麼性格你又不是不知道，為什麼非要自找麻煩呢？」

「我想大家親人嘛，多年不見就好好聚一下。」

「是呀，親人，所以他們不跟你客氣了。」

母親聽後又是無法反駁。

其實在這群親戚來之前，母親曾要求我與她一起招待他們，但我二話不說便拒絕了。母親當時還罵我沒有半點親情。親情？難道他們就有了嗎？事實證明，他們也沒有半點親情，否則又怎麼對母親的花費和陪伴沒有感激之餘，還當作是理所當然？

總之一群所謂的親戚們，有了這張親情牌，他們可以盡情地貶抑你，侮辱你，要求你做一些能力不及或是不願做的事情。冠冕堂皇地要你忍讓，要你包容，要你作出犧牲。然後又說，大家都是自己人嘛，怎麼一個小忙都不願幫？怎麼就與我斤斤計較了？

什麼？！你說我不留情面？以偏概全？寡情薄倖嗎？如果你對我有這樣的指責，那我是不是可以假設你生長在一個溫暖的家族，親戚家人都相親相愛，所以不懂他人疾苦？又或者說，你只是一個衛道者？

前者的話，我羨慕你，可以出生在那樣的家庭，請好好珍惜吧！但若是後者，那麼真的不好意思了，害你浪費寶貴的時

間來看我的文字。但不論你所站的道德地如何地超出海拔，在所有人事跟前你是如何的中立緘默，都否認不了這世界怎麼改變，潛藏在人性中的自私都不會改變。我明白我們傳統教育真的是用心良苦，就是不停地教育我們要無私，要大方，要把自己放在最後，要知道家和才能萬事興旺。可是拼命地強灌「家和萬事興」，就真的家和萬事興了？有，當然有！但我們知道更多的是表面上的和諧平靜，當在巨大利益跟前，這種和諧便不堪一擊。只要人性中的自私不消失，那麼反目、嘲笑、鬥爭都不可能消失，管你是不是血親！所以，我個人認為與其不斷催逼自己融入這種無情的親情中，還不如承認人性中都有自私，承認自己厭倦這群所謂親人的虛偽，承認自己痛恨這樣的相處模式。多年來，我與我家那群親戚們都刻意保持距離不來往。我實在沒法騙自己去喜歡這群人，我更不想昧著良心對他們說大家都是親人，血濃於水此等空洞漂亮的話。

　　「家和」必須先要「人和」，當人真的和，才可能萬事興。但當人沒法和，就沒必非要製造一個「和」的表面，倒不如分道揚鑣，各自安好吧。

今天依然完好無恙的話，
就感謝一下自己吧

　　第二輪心理治療時的某次，我忘記之前說了什麼，只記得社工對我說，我是他負責的個案中進步得最快的一個，每次與其他社工開會時都會提到我。他說我就好比班級裏那種成績優秀，乖巧用功的學生，是老師特別喜歡的學生。當時聽到他這樣說，我有點不好意思。除了不習慣被讚賞之外，還因為這句話出自一位男士的口，一位年輕男士的口。過去被男士嚴重排擠的慘痛經驗，讓我覺得這樣的讚美簡直是不可思議。但又因為這句出自一位年輕男士之口，讓我在夜裏豎起了枕頭，思索了很多。一開始我想，他會不會在說好聽話在哄我高興呢？但很快又覺得，他根本沒必要這麼做。說一些假話哄騙我，既幫不了我，也有失專業。再說他與我完全沒有利益的牽扯，他說這些一點好處都沒有，他實在是沒必要哄騙我。那麼……我是不是可以認為自己真的做得很好，好到連社工也給我一個讚呢？

　　雖然自己讚美自己，是有那麼點奇怪，但心底裏我真的覺得自己做得不錯呀。至少在心理治療方面，我比很多人都要努力都更堅持。這麼久以來，身邊真的是一個可以幫助的人都沒有，所有的事情都是自己去面對，即使最難過最痛苦的時刻，也是自己咬著牙硬撐過來的。雖說後有了心理學家與社工的幫助，但如果不是我用了大半年的時間努力去爭取，這些資源是不會從天上直接掉到我手中的。而且這前後 6 年的心理治療，90% 的時間都是我自己面對的。幾十年的人生，我都不知道跟

自己打了多少場仗。我承認我為此抱怨過，也無數次想放棄，但不管我的情緒如何惡劣，都沒因此扭曲了自己的本性。所以，我覺得我有必要感謝一下自己。這不是狂妄自大，而是給那個長時間努力的自己一個肯定。告訴自己，多年來辛苦了，奮鬥這麼久仍可以完好無恙，你做得真的夠好了，所以不用不好意思，就大方地接受這些感謝吧！

　　我首先要感謝我自己，在那樣的學習環境下成長，卻從沒有失去獨立思考與判斷的能力。雖說學生進入學校學習，就要聽從老師的教誨，但書本裏的內容，老師在講台上講解的知識就真的完全正確了嗎？我並不這麼認為。書中總是有很多完美的英雄，完美到在家上個洗手間，坐個馬桶，都會比一般人坐得端正。但寫這篇文章的人是如何知道這位英雄是怎樣坐馬桶的呢？上洗手間的時候，不是沒有其他人在場的嗎？因此我猜測，這位英雄是否被過分美化了呢？不過這些疑問我從沒有向老師提出過。這樣的思想性格，致使我與身邊的環境、同學、老師、家人都格格不入，過去很長一段時間我都在問老天爺，我到底是不是外星人？是不是因為犯了什麼錯被逐出原來的星球呢？

　　那時年紀小，什麼都不知道，只懂埋怨痛苦。現在才覺得，這樣的性格是一件好事。至少我從沒盲目去崇拜某些人某些規條。我雖會對前途感到迷茫，但在思考判斷，個人行為方面，我從沒有糊塗過。什麼該信，什麼不該信；什麼是真實，什麼是虛構出來愚弄人；什麼行為該學，什麼行為不該學，我心裏那把尺子，全部都量算得清清楚楚。記得 2013 年的時候，我到南京旅遊，住進了一位網友的家。離開的時候她跟我說：

　　「我覺得你的父母把你教得很好。」

　　我只是笑了笑，說了句謝謝。心想，如果她知道我父母經常滿口髒話，甚至往家中的地板吐痰，不知道她會有何想法？

會不會說我出淤泥而不染呢？哈哈！

　　第二點我要感謝自己的是，即使長期處於這種痛苦的狀態中，也從沒想過用吸毒、自殘這些可怕的方式來宣洩痛苦。這裏我必須感謝香港電台還有學校的反吸毒教育。看著視電上那些青少年們，有的因為得不到家人的關心，有的因為受朋輩影響，從而走上了那條可怕的路，他們被毒癮折磨時的情景在我腦中留下極深的烙印，這使我日後看到有吸毒情節的電視劇都不得不快進，又或者暫時走開不看。在人際交往方面我也變謹慎。寧願一個朋友都沒有，都不會去與一些有不良嗜好的人結交。這讓在各方面都不看好我的母親對我在交友方面很放心。1996 年，母親拿到了香港身分證，她一人先到香港與父親團聚。留下了我與弟弟在內地，不久後弟弟也跟著過去了。就剩下我一個人留在內地繼續完成學業。接近 5 年的時間，除了假期會到香港與父母見面外，其餘時間我都是一個人。而這段時間裏，母親從沒過問我在學校的生活怎樣，與什麼人來往。因為她知道我有自己的一套原則，所以從不擔心我會交到什麼不良朋友。讓她操心的反而是留在她身邊的弟弟。

　　第三點我要感謝自己的是，從沒以傷痛為藉口來行惡。這世上有一類痛苦的人我是無法同情的。就是那種為了抵消痛苦，讓別人更痛苦的人。我很記得大概三年前就有過這樣一則新聞，內地一位大學生以抑鬱症為理由，把一位無辜的計程司機殺死。在法庭上，他的辯解是因為抑鬱很痛苦很想自殺，所想先殺個人來試試。這種理由讓我恨得一拳揮過去打斷他的鼻樑！就算他真的很痛苦，也不能以痛苦為理由去放縱內心的惡，這是絕對不可以同情與原諒的！他也許認為，以抑鬱症為理由可以為自己的殺人罪開脫，然而抑鬱症不是神智不清，所以他的理由根本不可能減輕法律對他的刑責，這一點內地懂法律的網友也證實了。

為此我也曾問過社工，社工的回答是抑鬱症人士不會動殺機的。所以我有理由相信，那位大學生根本不是抑鬱，所謂的痛苦不過是對世界不滿所產生的怨恨，因憤世嫉俗而起的惡念。同樣的事情，我在香港的新聞報導中也看過。很多年前，一位母親因為痛苦不想生存在這世上，又害怕自己死掉留下兒子一個人不好，所以她先把兒子殺死，打算再自殺，誰知道兒子死後，她便沒有了自殺的勇氣，最後她被控告謀殺了。這位母親與那位男學生一樣，他們要的只是宣泄的口，當無辜的人遇害，承受了他們的怨恨後，他們就如泄了氣的皮球，那股想要毀滅一切的狠勁便立刻消失！說白了就是懦弱自私！只要他們稍稍顧慮一下他人，稍有一點勇氣去面對自己的苦，就不會發生此等悲劇。

如果有人問我，多年來有沒有一瞬間動過惡的念頭呢？我承認我想過給欺凌自己的人一個耳光。如果這些算是惡的話，那我就有。但再怎麼痛苦，我都沒有動過殘害他人的念頭或是去做一些傷害他人的事來發泄痛苦。我很清楚這樣做只能呈一時之快，事後不但得不到半點好處，還會讓本來就痛苦的自己，多背負上一層罪孽，除了使自己陷入更痛苦的泥沼之外，還有什麼意義？！世上很多事情都輪不到我們去選擇，但惡與善都由我們選擇，在巨大的痛苦中我們都不動搖，仍然堅定地選擇了善念，難道我不該對自己說一聲「做得好」嗎？

第四點我要感謝自己的是，這麼多年來，不管旁人如何怎麼笑，我都堅守自己的原則，不理會閒言閒語，耐得住寂寞。

不知道從什麼時候開始，沒有談戀愛，在節日假日沒有可赴約的人，都會被人說很慘。而過了某個歲數還是處女處男的人，就更會被朋輩們嘲笑。沒錯，時代不同了，觀念不應該太守舊，但沒有遇上對的人，又不想隨便找個人亂來，所以一直是處子之身，這有什麼錯誤？我反而欣賞那種不會受社會風氣

影響，堅守原則的人，當然也欣賞堅守原則的自己。不是處男處女又有什麼了不起？我非常討厭到處炫耀自己的性事與性伴侶的人。這種做法首先就是不尊重身邊的人，你以為所有人都想聽你說這種事情嗎？！其次就是不尊重你的性伴侶。當然，你可以反駁說那些性伴們也是隨便的人。但請別忘記，對一件事一個人的態度，是我們的選擇，與他人無關。他們隨便放縱是他們的事，你尊不尊重他們是你的選擇，對吧？再說沒有談戀愛有什麼很慘的？生活又不是只有戀愛，如果生活只有戀愛沒有別的事才是真的慘！

從十五、六歲開始，我身邊的同學便一個接一個地開始談起戀愛來，而我不僅沒有談戀愛，還一直被男同學們排斥。到工作以後，情人節都會有同事過來調侃，怎麼還沒有男朋友？怎麼沒見人給你送花？老實說，不管有沒有伴侶，這些節日在我眼中都只是普通日子。儀式這種事情，偶爾進行一回可以增添生活情趣，太多了就會讓人心煩，所以我真的很怕那些有 N 個紀念日的女孩們。如果你問有什麼難聽的話對我來說是零殺傷力的話，那麼就是以下這些了。說我沒有人要，說我嫁不出去，老姑婆什麼的都可以，你要笑請自便，隨你喜歡。

不能說我對愛情沒有期盼，我也曾非常非常地渴望過。但不管我如何渴望，我的原則不會改，我理想中的那位必須是與我差不多的人，特別是思想與價值觀方面，如果這方面沒法一致，管他有幾個億的身價，都與我無關。再說我可以認識異性的機會實在太少了。過去當上班族的時候，同事們全是長輩級的人物。從 29 歲開始，我就不再當上班族，沒有朋友也沒有同事，從此再也沒有接觸過單身適齡的男士了。外人看來，我肯定是性格身體出現了什麼問題，所以沒有人追求，但實際上我的生活中根本就沒有男人。現在年紀大了，不是特別漂亮也不富有，已經完全失去選擇的優勢了，但我的原則還是與過去

一樣。談戀愛是要自己感到幸福，又不是談給別人看，所以無論怎樣我都不會將就。我不敢把所有事情說死，假如我這種年紀還可以遇上良緣，我當然會高興，但我絕不會因為面子而硬拉一段姻緣回來。

多年前，我曾經在一本週刊中看到一篇專題報導。受訪者是一群學歷外表俱佳，並且有高薪工作的女士。她們上班前都會自備一套乾淨內衣褲放在隨身的手提包中，每天下班後就是到蘭桂坊，蘇豪區各大酒吧流連，尋找一夜情的對象。我知道有不少女性非常嚮往這樣的生活。因為這些白領擁有的條件，讓她們過著想愛誰便愛誰，想與誰玩便與誰玩，玩夠了又不用負責的瀟灑人生。但我對此很有保留，這樣每晚去尋找刺激，天天換牀伴，是瀟灑還是內心空虛？恐怕就只有當事人才知。你可以說我得不到的葡萄是酸的，但我欣賞有原則，耐得住寂寞的自己，旁人要怎麼說，他喜歡就好。

最後，我要感謝自己，一路努力擺脫情緒的控制，一直正視自己的不足並盡力修正，還願意克服否定自己的心理，給長時間努力的自己一個肯定。辛苦了，非常感謝！不過，若他日成為更好的人後，別忘記要保持謙虛。

與我差不多的你們，閒著沒事時，就多想想自己的好吧。

謙虛是一種美德，但我一點都不欣賞我們從小到所接受的謙虛教育。何謂謙虛，根據《朗文中文高級新辭典》的解釋是：不自高自大，肯虛心向別人求教，能接受批評。但也許我們的歷史實在太長久了，在漫長的社會演變中，我們所認知的「謙虛」早已扭曲。在我成長的年代，我所知道的謙虛就是及時否定自己。只要人家有一句小小的讚美，就必須立刻馬上否定，否則就不符合我們從小到大認知的謙虛標準。但這種教育真能養成謙虛的態度嗎？不，這只會慢慢形成「我做什麼都不行」的自卑心理。這其實也是造成我們痛苦的一個很重要的原因。

因此，我們必須要逆轉這樣的心理。我們其實都很清楚自己的優點，只是社會的普遍風氣，影響著我們不敢去承認自己的優點而已。當然我也不是叫你到處張揚，但我們一定學著從心裏肯定自己的好。我最初是跟著一些書本建議的，把自己的優點一個一個地寫在紙上，然後自己從頭讀一遍。一開始可能有點不好意思，但每天讀一次，多讀幾天就會覺得，只是自我對話而已，沒什麼好顧忌的。

　　的確，時刻懷著謙虛的心，經常自省能讓我們保持清醒，但欣賞自己不是自大，而是讓我們變得更強大。

給父母們或是
將要為人父母的人的話

我知道現在已經是二十一世紀，許多父母的教育方法早就不會如過去那般，要求孩子完全跟從自己所定下的方向去走，更不會如以前的家長那樣，要孩子把自己當作神明，在自己的面前恭順卑微。而然每個時代都會有不同的問題，新世紀也會衍生出新的問題，我的工作與出入的場所都會見到很多的小朋友與家長，以下的這些話都是我長久以來觀察所得，我希望家長們或是計劃想當家長的人可以耐心看看，這些都是我的肺腑之言，不是要教大家如何做家長，而是希望這個世上可以多幾個快樂、健康、討人愛的孩子。

▶ 成績重要，教養更重要

我的日常生活非常枯燥，除了工作，就是整天蹲在圖書館看書。在圖書館也看盡了家庭的百態。記得有一回，我在兒童圖書館中找書，看看有沒有什麼書適合用來當教材。當我經過某排書架的時候，看到一個大概六、七歲的男孩子，橫臥在兩排書架的中間，拿著一本漫畫看得津津有味，身體的兩旁是被翻攪得亂七八糟的兩堆漫畫書。那種姿態隨性愜意，就好像他正躺在自己的牀上享受悠閒時光一樣，然而這裏是公共圖書館，他這樣橫臥在人行通道上，我只好放棄在那兩排書架中尋找，我相信孩子的家人一定在附近，但從孩子這種毫無教養的姿態看來，我真怕叫孩子讓一下，家人會以為我想欺負他呢。

好吧，我就當作家長不在，孩子可能就放任些沒有什麼大

不了的。那麼有家長帶著一起做錯呢？有一回我在銅鑼灣中央圖書館，正拿著手中的書看得入迷，誰知道旁邊突然坐下來一對母女，這對母女一坐下就開始聊天，我本來打算忍一下，但看她們沒有停下來的意思，於是忍不住開口請她們不要在圖書館說話。沒想到那位母親反駁道：我沒有打擾到人呀。

沒打擾到人？怎麼可能沒有打擾到人？大家都在看書，周圍一片寧靜時，你們在聊天，不管聲音壓得多低，大家都會聽到的，只是人們大多怕事，心裏有不滿都不敢出聲而已。再說，即使沒有打擾到人，但這裡是圖書館，牆上大大的標語寫著請安靜的，作為一名母親，怎麼可以帶領孩子一起無視公德？

我記得在報紙上看過一個調查報告，是一家研究孩子成長的機構去訪問一些家長，如果孩子學習成績很好，是否可以接受孩子沒有禮貌。結果有大部分家長回答，只要孩子成績好，有那麼點任性或是沒禮貌是完全沒有問題的。這樣的調查結果真是讓我大為不解。雖然華人社會或者說亞洲大多數人，包括我自己多少都有點學歷崇拜，但學歷好或是名校畢業，不是可以橫著走的金牌。

這兩名孩子，我不知道在校成績是否彪炳，但若他們的父母繼續放任他們這樣不去改正，他們學歷再好，都不可能成為受歡迎的人物，也不會得到大老闆的重用。因為他們欠缺教養，欠缺對人的尊重，更別想他們有什麼同理心，有願意幫助他人的熱心腸。因為他們接受的品德教育是自私傲慢，不用理會是否造成他人不便，不用遵守公共規矩的。然而成績好的人天底下就只有他們嗎？假若我是大老闆，我有大堆人可以選擇時，我為什麼不去聘請有學歷，有禮貌，可以與同事通力合作的人？

所以父母們，或許孩子是你們的心頭肉，是最珍貴的寶貝。但對整個世界來說，他就是一個普通人。你們要他學習各種才藝，入讀名校，無非是希望他日後能成為獨當一面之人。但很

多前例告訴我們，沒教養之人是很難做好一份工作的，因為他們得不到朋友與同事的敬重，即便真的爬上高位，也會因為不得人心而在高位上摔下來。而能替代他的人，正一個個排著隊呢。我真不明白，教育孩子有禮貌，有公德心，是危害了孩子的性命，還是影響了孩子的健康？怎麼會有父母不願意教？還是說父母本身也覺得地球是圍著自己轉？

▶ 不管男女，請讓他們成為有「家庭責任」的人

不久前，一位母親跟我訴苦，每天上班已經很辛苦，回到家中還要輔導孩子的功課，孩子有時不聽話教訓幾句，丈夫不僅不幫忙，還會站在孩子那邊嫌棄自己。有關孩子的事，丈夫平時都不太理會，下班後，她一心只想早點回家看看孩子，而丈夫就經常不回家，約朋友到外面消遣吃飯，因為一直是她在管孩子，所以現在都害她成了孩子眼中的壞人……

這樣的家庭景況，我相信普遍存在於社會中，妻子為家庭勞心勞力吃力不討好，丈夫就只是負責賺錢，給了家用就等於對家庭盡了所有的責任，偶爾帶帶孩子，就被稱讚為好丈夫。這些完全不對等的，對家庭的付出，在許多人眼中，尤其年紀在 50 歲以上的人眼中，都是非常正常，因為父權社會，對男性的教育就是如此。

同是作為女性，同樣身邊都有一位家庭觀念薄弱的男性，我當然理解這位母親的感受，但我相信她的兒子將來也會成為與他父親一樣的人。我們的家庭普遍是怎麼教男孩子的？基本就是孩子讀好書就夠，其他的一切事務都由母親安排好。這是自古便刻在女性腦中的公式也是天然的母性關懷，男孩子只要懂得賺錢就可以，將來大了有自己的家庭，就交由妻子去料理，條件再好一點的可以請傭人代勞。試問這樣從小就有人打點一切，他們心中又怎可能形成「照顧家庭」的意識呢？

那位母親家庭條件也不錯，自己也是接受過高等教育的事業女性，同樣是請了傭人負責家務與照管孩子，但有些事情傭人是替代不了的。比如跟進孩子的教育與學習，節日假日的天倫樂等。大多的家庭都是男女結合組成，少了父親或母親的參與，都會讓家庭關係失衡。

　　現代社會，重男輕女的思想早已消減了許多，很多父親還特別希望生個女兒，然後把她捧在掌心好好呵護。所以現在很多家庭，不管是生男生女，基本上都不會要求孩子做家務，也不要求參與處理家中的瑣事。所以我們會看到每年不斷攀升的年輕夫婦離婚數字。兩位從小備受呵護的孩子，從小什麼家事都不用管，突然要手忙腳亂地去經營自己的小家，談何容易？

　　我知道很多家長會說，孩子是我的心肝寶貝，讓他皺一下眉頭我都捨不得，怎麼可以要他做家務？我們家又不是負擔不起？如果有這種想法，那就真的誤會我的用意了。我所說的做家務，參與家中事情，是希望家長們可以從小給孩子灌輸家的概念。沒錯，許多事情可以用錢解決，但夫婦二人努力經營，在婚姻中共同成長，成就一個幸福家庭，這是錢解決不了的。而能夠經營家庭的前提，是雙方都對家有一份深厚的責任感，這份責任感不可能從他走進社會的第一天或是成家後的第一天就形成，而是從小在學習社會的各種運轉中，參與家庭的各種事務中積累而來的。

　　我很相信，只要不帶任何成見，都會明白我想傳遞的信息。只要在社會上打拼過努力過都會明白，責任心是做好一件事的根基。不管是工作、為人處世、經營家庭。所以若希望孩子將來能有一個幸福家庭，不管是男是女，都應該從小給他們植入「家庭責任」這回事！不要以為當他結了婚，自然會知道的啦。我不否認的確有這樣的人，但也有很大的一部分人是，當他知道要負責任時，已經太遲了！

▶ 勿用小孩來成全大人的自私

不久前，我看了一位男明星的訪問，他公開向一些媽媽級的粉絲說道，不要把孩子帶到追星現場，尤其是讓孩子幫自己排隊！現場人多擁擠，孩子的身軀又小，萬一大家看見明星就不顧四周一湧而上，豈不是讓孩子置身於危險中？

看了個呼籲後，我為這位男明星的做法點讚之餘，也非常不齒這些母親的行為。一位二十剛出頭的年輕男性尚且懂得為別人的孩子著想，但孩子的母親，這個自古被傳頌為人類最偉大的角色之一，卻利用自己的孩子，利用人們普遍為孩子讓步的心理，來成全自己想佔到便宜的自私想法！

其實日常生活中，完全不乏這樣的例子。

乘搭電梯的時候，好多大人都會叫小孩按住電梯等他們，這樣電梯裏的人即使時間被耽誤也不會罵小孩；坐車的時候，某些大人想坐，就叫小孩走到那些坐著的人跟前，讓那些人讓位給小孩，然後大人抱著小孩一起坐；街上派發免費贈品時，很多媽媽會讓孩子排在前面，多一個人排隊就可以多拿一份。當然，這樣的行為並不犯法，也沒有對別人造成很大的困擾，但這樣的做法，從側面反映了孩子出生在什麼樣的家庭，也可以隱約預見孩子的將來會是什麼樣的人。

除非孩子長大後有了自己的判斷能力，與家長這樣的行為劃清界線，否則孩子會成為一位自我中心，錙銖必較的人。這樣的人，注定不會有大成就，因為什麼便宜都佔的人著實討厭，誰會想幫助這種人？誰會想與這種人長期合作？也許會有家長說，我與孩子的事不用你管！我只要孩子平平安安活著就好。平平安安地活著是好，但你也會希望孩子得到別人的喜歡與尊重吧？如果易地而處，你會喜歡一個在日常生活中小器吝嗇，什麼都計較的人嗎？所以別為了一些小便宜，錯過更重要的事。

▶ 教育孩子要溫柔，但也要有力度

幾年前，一位網友帶著女兒到香港旅遊，順帶約我出來聚聚。與她同行的還有另一對母子。我們三個成人兩個孩子在尖沙咀繁忙的街道上逛，網友的女兒大概十歲，一路上就是說說笑笑，算是守規矩。而另一位小男生，看樣子也有七、八歲，一路上就在人群中穿插，在電梯上跳上跳下，進了商場，在貨架之間與一堆堆商品中你追我逐。別人的小孩，我本來也不想多管，但我真怕他們玩得忘形，把店舖中的貨品撞倒，於是忍不住發聲制止了他們。小男孩的母親倒是沒有因為我制止她的兒子而生氣，只是對兒子說了句：「真是的，要乖哦。」

逛完了商場，我們到餐廳吃飯。餐廳的地板是用木板鋪成的，走在上面會發出一種類似敲門的聲音。小男孩也許覺得好玩，從椅子上站起來，在木板上用力地跳。砰！砰！砰！響聲引起了其他食客的注意，紛紛向我們這邊望過來。但因為我剛才已經出手過一次，我真的怕小男孩的母親會生氣，所以忍住不作聲。小男孩見沒有人說他，於是又再用力地跳，地板又發出砰砰砰的聲音，惹得周圍更多的眼光。這次我實在受不了，男孩的母親不要臉，但我要臉！於是我又說了句：

「不要跳，大家都看著。」

男孩有點敗興地停了下來，男孩的母親終於說話了：「你看你，真是個頑皮的孩子。」語氣中完全沒有管教的意味，反而讓我覺得她為她這「活潑好動」的孩子感到自豪。母親說後，男孩還是繼續跳，母親卻沒有再阻止。我也算了明白這位母親完全沒有力度的教子方法。

雖然會面只是短短數小時，我已經預視到，男孩將來一定會受到更多的批評，而他的母親卻不明白，為何她明明有教育孩子，怎麼孩子還是會被別人批評不守規矩？因為母親雖然有「教育」，但她所謂的教育就只是嘴皮上說說，完全沒有讓孩

子意識到自己的錯，沒有讓他知道不改正的話會造成什麼樣的壞後果。所以她說的話，對孩子來說只是耳邊風，完全不用理會。

我知道孩子都是父母的心肝寶貝，那怕大聲一點對他說話都捨不得，但你們怎麼不可以反過來想想，如果你們願意堅定一點，嚴厲一點，你們會教出一位自律，有教養，得到他人喜愛的孩子？我絕不是叫父母打罵孩子！就用我上面說的那位男孩母親為例，如果我是那位母親，在第一次發現孩子在外面不守規矩時，我便用嚴厲一點的語氣來教育他，讓他知道不守規矩對自己對他人造成的不良影響。若孩子還是不聽，那麼最喜歡那件玩具便會捐出去；沒收一部分零用錢；一個月不能玩平板電腦等等，反正就是孩子最在乎的事情，並且嚴格地執行。務必要孩子知道，必須為自己的行為負責，不是所有人都會如母親一樣，給你無數遍改正的機會。

我十分贊同一位內地犯罪心理學教授李玫瑾說的，孩子年紀越小越是好教，如果在 6 歲前能教會孩子所有的禮貌與規矩，那麼往後的日子，父母會輕鬆很多。6 歲前捨不得去教，以為他長著長著自然會懂，這樣的心態完全是大錯特錯！若是驕縱慣了，當他長大便難以控制，到那時你想管教都無能為力了，就只能等社會來教或是法律來教了！

▶ 讓孩子學會去愛你

從小到大，我都聽到不少這樣的事情：父母對孩子愛得無微不至，為孩子傾盡所有，但沒想到孩子長大後，反而更在乎他的朋友，他的伴侶，把父母放在最後面。父母很多時候都不解，為什麼對他那麼好，卻換來他的冷漠對待。這原因非常簡單，讓我再引用內地犯罪心理學家李玫瑾教授說的，孩子自私是很自然，因為父母讓孩子只顧自己的事就好。試問這種長期

不用參與家庭事務，接受父母的付出是理所當然的情況下，他們的思維裡又怎麼可能形成關心家庭，關心父母的意識？

我個人非常反對過分地神化血緣，就比如某些電視劇的場景，一位年幼時與母親失散的孩子，長大後某天與母親擦身而過，然後母親就憑這所以「血緣」的感應，就覺身邊這位就是自己的孩子。但現實中這樣的可能性有多大？所以也不要覺得，我們是有血緣關係，我們與外面的陌生人不一樣的。不，情感缺乏培養，沒有建立起互相依賴的關係，血緣就僅僅是 DNA 而已。

要孩子懂得報恩，不是從小告訴孩子，你欠父母的。也不是一味地付出，讓孩子成了家的中心，但卻沒有讓「感恩」一事印在孩子的心中。父母該做的是教會孩子如何去愛，讓父母的世界與孩子的世界相互連接，讓雙方內心都有著彼此。父母為孩子付出的同時，也要讓孩子從小就參與到家庭的事情當中，比如讓他知道每個月要交多少水電費，有多少家庭支出。讓他從小做一些家務。年紀小的時候，把玩具一件一件地收拾好。年紀大一點，不需要他打掃全屋，也要打掃自己的房間。這樣不是叫父母勞役自己的寶貝孩子，而是讓孩子自小對家有一個歸屬，並且知道父母的世界，知道父母為家庭的付出，知道父母工作生活中的辛苦。讓孩子不知不覺中學會感恩，知道自己被深深愛著。在這種環境下成長的孩子，是不需要不停地向孩子灌輸「你欠父母的，要傾盡一切去報答」的概念，因為他從小便感受父母滿滿的愛與尊重，便會自然而然地反饋給父母愛與尊重。

我沒有結過婚也沒有生過孩子，所以我相信一定會有人跳出來說：你沒有做過父母，有什麼資格教別人做父母？！那麼，當了父母就一定懂得做父母了嗎？

我相信你也不可能肯定地回答吧？再者，我沒有當過父

母，但我當過小孩！我一直都認為，父母不應該自顧自地自我感動，覺得自己懷胎十月，忍著巨痛把孩子生下來，再花錢把他養大，供書教學，就自覺很偉大很無私。十月懷胎不是你自己的決定嗎？孩子沒有求你把他生下來吧？把孩子養大不是作為父母的義務與責任嗎？難道把他放在深山裏他會自己長大再回來報恩？與其沉浸在自我感動與社會的吹捧中，倒不如去問問自己的小孩，問問他們心目中怎樣的父母才是理想的父母？尤其是當孩子遇到迷茫，困難，覺得自己達不到父母的期望時，孩子希望從父母口中聽到怎樣的話。當孩子說出自己真實的想法與夢想時，希望看到父母怎樣的態度。

如果在出生前，上天讓我選擇要什麼樣的父母，我的選擇是，不用多大富大貴，不需要像小公主般嬌貴，我理想中的父母是溫柔的，可以與我好好溝通的，是讓我感覺到被尊重的，是可以在我迷失的時候，成為我人生指引的。很多父母都說，一定要給孩子最好的。但所有的物質都不會比得上你給孩子的愛、尊重與平等。

韓劇與我

　　1998 年的時候，不知什麼原因掀起了一股韓劇熱。同學們都在談論著一套叫《我心盪漾》的韓劇。據聞是一個三角戀的故事，女主一直在兩位帥氣男主間猶豫不決，我一聽便興致索然，一點追看的欲望都沒有。兩位俊男爭一女，就是讓女孩子代入，滿足幻想的劇，有什麼好看？到了 1999 年，我在某個無聊的下午看了一集韓劇。後來才知道是金喜善主演的《忽然情人》。我當時看的正好是結局，雖說只看了一集，但從結局就可以推斷，這是一個惡女與善女爭一位俊男律師，最後是善女勝出的故事。雖然當年從不同的媒體中看到大家對這套電視劇的讚賞，但我對這劇卻沒什麼感覺，劇中兩位女演員的妝容也讓我難以理解，那紫黑色的唇妝是 99 年的流行時尚嗎？我看著怎麼覺得十分突兀呢？我估計是因為大家看厭了中港日台的劇，韓劇讓人感覺新鮮，所以才有這麼高的評價。接著 2000 年，轟動亞洲的《藍色生死戀》上線，但與《忽然情人》不一樣，這次我把電視劇完整地看了一次，但看完後，我對這套劇真的很無語。

　　我知道在很多人心目中，《藍色生死戀》就是經典，是心中的白月光朱砂痣，所以我在這裏說的話，是冒著被責罵淹沒的危險說的。這套劇在我看來從頭到尾就是煽情與眼淚，劇情沒有任何一處是值得吹捧的。唯一的亮點，就是三位主角的顏值確實炫目，過去不管港劇台劇日劇，我都沒有見過如此亮眼的組合，所以這套劇能獲得如此巨大的成功，我有理由相信90% 都是因為主演們那張一見難忘的臉。

　　隨後我又看了《冬日戀曲》、《天國的階梯》、《浪漫滿屋》等，最後我總結出一條韓劇的通用模式。就是男主是萬人迷，他們身邊都有一位各方面都很出色的女人，可男主偏偏就是不喜歡她，反而深愛著相對遜色的女主，而女主身邊總有一位優秀又溫柔的男士愛著她，而她卻反而愛著傷害過自己的男主。這套大同小異的模式讓我覺得韓劇非常沉悶，所以從 2004 年後，我便沒有怎麼看韓劇了。

　　6 年後，也就是 2010 年，偶爾在報紙上讀到的一篇評論文章，讓我再次對韓劇產生興趣。那個時候已有一定年歲，對以愛情為主線的韓劇早已沒有什麼興趣，我總是挑一些懸疑或是刑偵類的劇來看。蘇志燮主演的《幽靈》、大獲好評的《Signal》都是我的心頭好，愛情劇我也不是不看，但我喜歡看有意思的愛情劇。2012 年上線的《仁顯皇后的男人》是我心目中絕無僅有的愛情佳作。不過這些作品再優秀，也只是我生活中的一個點綴，真正讓我深有感觸的，是 2015 年年頭的《Kill me，heal me》。這是一套有關人格分裂的劇。講述患有人格分裂的男主，在精神醫生女主的幫助下，一步步走向治癒的故事。劇中男主獨自與痛苦過往搏鬥的情景，引起我強烈的共鳴。

　　我深刻地記得劇中這樣的一個場景，男主流著淚，駕著車穿過隧道，嘴裏喃喃地說道：「一直都是我一個人，一直都是我在獨自面對……」那種悲憤、孤獨與壓抑，讓我不禁也跟著淚如雨下。這麼多年來，我也是獨自去面對一切，獨自去尋找擺脫被情緒控制的方法。還有一個場景，當男主覺得自己真的沒救了，叫女主放棄他，不要再理他。隨後，他獨自走到一棟大廈的頂樓，他的另一個人格出現，在地上畫畫下所有人格的形象，並且寫下了「heal me」字句，這一場景充分地刻劃出我們這類人有過的矛盾。男主一方面覺得自己太棘手，害怕會傷害到想要幫助他的人。但內心深處卻又渴望得到幫助，希望

女主不要放棄他。當初在教會，我就是這樣的彆扭，一方面覺得教友們不可能理解自己，但內心是非常希望教友們不要放棄我，可以主動一點走到我的身邊幫助我，聆聽我的心聲。

《kill me，heal me》對我來說可謂意義非凡。雖然過去不少心理學家，精神輔導機構都有為抑鬱症與情緒不健康的人發聲，但都起不了多少水花。電視劇則是把具體的細節呈現出來，男主從小時候受到父母的虐待引致人格分裂，到長大後對抗人格分裂以及病發時引出來的種種問題，都一一細致演繹。雖然這當中有誇張虛構的成分，但對我們這種一直活在痛苦中，一直不被理解的人來說，是一種極大的撫慰，編劇似乎是想透過她的作品告訴我：我明白你們，我理解你們，也從沒忘記你們。

這套電視還帶來一個意外的收穫，就是一些真正的心理學家，看了電視劇後在網上發表文章。有些是感謝製作單位，透過製作這套劇，引起大眾對虐兒及精神健康的關注。有一些則是知識科普，告訴觀眾們人格分裂的形成，有哪些特別的病例，並且告訴觀眾電視劇中那些是真實的存在，那些是虛構成分，這讓我獲益良多，也明白到自己受了那麼多苦怎麼都沒有患上人格分裂。因為患上人格分裂的一般都是高智商人士，所以電視劇中的男主才被塑造成一個學習成績優秀的人，而我那只有70 的智商，吃再多的苦都不可能有人格分裂。

2017 年，我在微博中看到《名不虛傳》的宣傳介紹，活在古代的男主得到了一個可以穿越時空的針盒，每次遇到危險的時便會自動穿越到2017 年的現代。這不就是之前《仁顯王后的男人》的劇情嗎？只是穿越的工具不同而已。在好奇的驅使下我開始追看這套劇。看了以後，才知道自己又挖到寶了，這套劇是繼《仁顯王后的男人》後另一套與愛情有關的精彩之作。透過這套劇，我還明白到什麼叫做被演技征服。

劇中男主許任的扮演者是金南佶先生，在這套劇之前，我

對他一無所知。從劇組給出的宣傳照中看到，他身材高瘦，但長相與韓國那些皮膚白晰，唇紅齒白的花美男大不相同。他頭髮有點凌亂，留著落腮鬍，皮膚有點黑還帶點油。老實說，我第一次看還在想，怎麼找個這樣的人當男主角？但當電視劇來到第二集，我就迅速被金南佶的演技征服了，他的每個眼神，每個小動作，臉部肌肉的變化都非常的細緻，在他的演繹下，許任這個半虛構半真實的人物馬上立體了起來。我很難想像這樣的角色由別人來演會變成什麼樣子。

　　雖然穿越方面有那麼一點點與《仁顯皇后的男人》相似，但《仁顯皇后的男人》以愛情為主線，突顯男主過人的智慧與女主的善良可愛，還有兩人堅定不移相互信任的愛情。《名不虛傳》則是有著傷心過往的男女主，在經歷種種的考驗後成就美滿愛情的故事。看似是愛情，但故事真正要表達的除了男女主相互理解，相互治癒的愛情外，還有名與利，個人欲望與大義之間的角力，在誘惑與壓力下能否堅守醫護者的信念與初心，才是這套劇的真正核心。劇中由金亞中飾演的女主崔妍京，是我繼《仁顯王后的男人》以後，最喜歡的女主之一。在她身上我感受到什麼叫做溫柔的力量，怎樣才是一名受過高等教育，個性堅強直正，不為權貴所脅迫的高質素女性。

　　她不像過去韓劇的女主，唯唯諾諾當個小白兔，即使被男主欺負也對男主死心塌地。她有一顆理智清醒的頭腦，專業實力強，面對利益卻從不低頭。她對感情的態度也不含糊，愛與不愛，她都表達得明確清楚。她機智勇敢，意外與許任一起穿越到古代後，也不會慌張無措，反倒與許任一起冒險一起行醫，無私地幫助每一位需要她幫助的患者。她與許任的情感，是難得的相知相惜，既是情人也彼此最好的朋友。

　　劇中最讓我感動的場景是當許任看到針盒出現裂紋時，知道自己可以穿越的次數不多了，在愛情與大義之間，他選擇了

大義。決定留在那個醫學水不發達的古代，用一身針灸術來拯救病人。當他想向妍京坦白自己的想法時，妍京已經隱隱感覺到許任的心事。她沒有讓許任立刻說出來，反而帶許任到南山塔，來一場浪漫輕鬆的約會。兩人把那種一邊享受約會一邊心事重重的感覺演繹得非常到位。最後許任說出決定時，妍京的溫柔與理解，讓人著實心疼。

兩人訣別後雖然傷心，但也沒忘記自身的職責。在分開的期間，一位成為了現代醫學心臟科最出色的醫生，用自己的高超手術技巧，救治了一條又一條的生命。一位則在古代的戰爭中顛沛流離，卻仍不怕死地徘徊在戰場中，救助在戰亂中倒下的百姓。看到這裏，我以為結局也就這樣了，雖然相愛的兩人不能在一起，但都帶著對方的愛積極地生活下去，雖有點遺憾，卻讓我感覺格外的溫暖。但編劇與廣大觀眾都一樣，都捨不得男女主分開，就在古代的戰爭結束後，男主又被帶到現代與女主重遇了，那本已消失的神奇針盒，竟又在男主的身邊出現。因為他們心懷大愛，救助了無數的病人，所以上天大發慈悲讓有情人終成眷屬。

這絕對是我人生中最喜歡的韓劇之一，雖然是愛情劇卻又不只是愛情劇那麼簡單。愛情以外，編劇還以醫者的視角，透過一個個的醫療個案展現人性的多樣化，當然也少不了諷刺一下韓國社會的特權階級。許任與崔妍京也讓我看到了愛情該有的樣子，就是彼此激勵，共同成長，共同讓對方成為更好的人。

2017 年，正好是我展開第二輪心理治療的時候，那時我弄明白了過往對自己所造成的深刻影響後，接下來還可以為自己做什麼呢？我感到非常迷茫。在我苦苦思索自己的突破口時，這套劇溫暖了我無數的夜晚。

2021 年，一套《魷魚遊戲》火遍全球，連官方媒體都為這套電視劇發表評論文章。根據我個人看影視作品的經驗，以刻劃人性醜惡及對特權階級諷刺為題的電視劇，韓國的出品絕

對稱得上是數一數二的。這應該是與他們國家的經濟結構有很大關係。一個被大財團控制的國家，權貴們可以任意妄為，肆無忌憚，法律在他們跟前如同虛設，普通民眾的心又怎麼可能不忿恨不憋屈呢？然而連總統都奈不了何的人，民眾們又可以做什麼？就只有透過作品去宣泄他們的不滿。我相信這也是很多人喜歡悲劇的原因。因為悲劇更能反映他們對生活的失望。

但我的看法卻不一樣，受盡生活冷待的我，會不了解現實殘酷嗎？幹嗎在娛樂消遣的時候還要找悲劇來看，讓自己再難過一次？我絕不否認《魷魚遊戲》的優秀，但 2021 年我心中的年度最佳，是較《魷魚遊戲》早幾個月推出的《我是遺物整理師》。

顧名思義，這套劇是透過理整逝者的遺物，來重組亡者生前的故事，從遺物中探究他們內心深處的秘密，還有他們來不及對生者說的話。整套電視劇只有 10 集，每集一個故事，聽說是改編自遺物整理師撰寫的小說，所以故事都真實貼地，不會讓人有誇張離地之感。電視劇中，當整理師們來到逝者的家，細心整理每件遺物開始，觀眾便在這些遺物的帶領下，重走一遍逝者生前的軌跡，這使活著的人有著極大的啟發與反思。當家屬朋友們看到這些遺物時，不管是傷感是遺憾或放聲大哭，我都有著一種跟著劇中人一起釋放的感覺，在心裏跟劇中人大哭一場，讓內心積壓的苦痛得以減緩。雖然這套電視劇都是一些死亡、不公、遺憾、誤會的故事，但我覺其背後真正的用意，不是控訴，不是憤怒，而是讓觀眾重新檢視生活，找回活著的希望。

就《魷魚遊戲》與《我是遺物整理師》，我曾與一位網友討論過。她偏好悲劇，認為悲劇的結局才可以震撼人心，讓人久久不能忘記。而《魷魚遊戲》更是殘酷現實的反映，讓人很有共鳴。而我的看法是：沒錯，悲劇結局的確震撼，但每次想

起不都意難平嗎？就如《霸王別姬》，《再見螢火蟲》等，我都沒法看第二遍。其實優秀的影視作品不管是什麼結局，都不會被觀眾忘記的。再說《魷魚遊戲》的確很出色，很能引起廣大羣眾的共鳴，但我看完後卻有點沮喪。就正如很多人說的，我們每天都在玩魷魚遊戲，看完《魷魚遊戲》後還是繼續玩著魷魚遊戲，除非有神仙出現讓我一下子變成特權階級，否則我仍是特權階級操弄下的一個小人物。所以我更喜歡《我是遺物整理師》。

再說《我是遺物整理師》中，男主與養父母的一段親情。也著實讓我羨慕。夫婦兩人都身患重病，但他們都盡力地愛著這位患有亞斯伯格症候群的養子，教會他工作技能，教會他善良正值，並且協助養子充分發揮出過人的記憶天賦。這樣即便兩人都相繼離開，這位養子的世界都沒有崩潰，反而謹守著父母的教導努力生活下去。相較之下，我覺得自己其實很懦弱。因為害怕失去，因為害怕再受傷，因為生活上的種種苦與困難，我甚至想過要輕生。但《我是遺物整理師》教會我們，能平平安安地活著，是一件多麼幸運的事。

因為《我是遺物整理師》，我重新注意起一位演員，就是男主叔叔的扮演者——李帝勳。其實在之前我已經看過他兩套作品《Signal》及《I can speak》，兩套都是非常精彩優秀的作品。但我對這位演員卻沒有很大的感覺，也許這兩套作品中與他搭檔的演員都太耀眼，把他蓋住了。但《我是遺物整理師》中，他的表演很突出。雖然他的外表不是傳統花美男，卻有著比花男人更吸引的型格魅力，還帶著幾分憨厚可愛。於是我看完《我是遺物整理師》後，又看了李帝勳同年的另一套作品《模範的士》。

點開之前，我沒有特別去看劇情簡介，反正抱著不好可以不看，沒有什麼損失的心態。誰知一點開，我就一口氣看了八

集！那種感覺可以說是非常過癮！這就是一套復仇爽劇。社會上總會有一些不公與罪惡讓我們義憤填膺，恨得咬牙切齒。但我們又不能私自教訓那些人間渣滓，所以我們都需要英雄。而《模範的士》講述的就是這樣的一群為我們教訓惡人，伸張正義的英雄。

故事一開始就是一位強姦犯出獄。經歷十多年牢獄之災後他不僅不懂反省，還揚言要去殺那些讓他坐牢的人。這同時反映了韓國在這方面的法律完善，沒有足夠的震懾作用，罪犯根本不感到害怕。因為監獄門口採訪的媒體太多，導致這名犯人寸步難行，混亂中一輛的士走過來，犯人趁機上了車，他以為這樣能避開媒體，但事實是他正被帶去真正的地獄。

李帝勳飾演的金道奇，表面是一位的士司機，實際上是復仇小隊的一員。他與另外三位成員都各有所長，一起組成了一個四人小分隊，專為得不到法律保障的蒙冤者復仇。負責統領這個小分隊的是的士公司的老闆。他表面是一位繼承家業的大善人，經常出錢資助有需要的人，實際上自他的父母多年前被殺後，他便聯合起同樣因為家人被害卻有冤沒無處申訴的幾位成員一起，去懲治那些法律制裁不了人間渣滓。

我前面已經說過，論抨擊與諷刺社會種種亂象的影視作品，韓國的劇本與表現手法，絕對是數一數二的好。在這套電視劇中，有被工廠東主長期性侵的女孤兒，有被黑社會同學長期欺凌的學生，還有被偷錄性愛視頻而自殺的女大學生。不管是受害者或是加害方，都讓人看得怒不可遏，恨不得衝上前給人渣一拳。所以當金道奇駕著車為受害人復仇時，我的心情都特別爽！連同平日從母親那裏受到的惡氣都一同舒減了不少。

雖說這些故事都是虛構，這種英雄在現實世界根本不存在。但就是因為現實世界滿足不了，才由影視作品來滿足。要不然《超人》、《蝙蝠俠》、《蜘蛛俠》等電影怎麼可以有無

數的續集？因為我們的內心都需要英雄。在我們脫離現實的暫時，讓心中的惡氣盡情吐一吐，其實也是換一種形式充電，讓自己的心更有力量，來應付日後的壓力與挑戰。

其實可以說的韓劇還有很多，就在寫這篇文章的當下，我又想到了一套電視劇《花遊記》，這套也是 2017 年的作品，當時收視不佳，還被許多觀眾批評是爛劇。雖然從整體而言，這套劇確實有許多不足，尤其是這兩位編劇，總是犯虎頭蛇尾的毛病。但從細節去看的話，當中有許多地方都發人深思。但文章寫到這裏，字數顯示已起過 5000，實在太長了，或許我某天可以來一篇《我與韓劇花遊記》。

2021 年，因為 Mirror 男團的崛起，香港樂壇又再度熱鬧起來，帶動著我把目光投回本土的作品中，近大半年的時間，我都沒有完整地看完一套韓劇。但韓劇對我的意義卻是其他作品無法替代的。從知道自己需要專業援助，到開始心理治療，再到心理治療結束。近十年的時間中，除了心理學家與社工外，韓劇在幫助我走出心理陰霾中佔據著很重要的部分。我的生活非常枯燥，除了工作就是躲在家中，除了偶爾會與一位也不算很熟的朋友見個面吃個飯外，其他閒餘時間都極少外出。我對生活早就沒有多少熱情，但韓劇不僅讓我感覺到療癒，還一直提醒我，我是活著的！劇中人物的生活讓我記住我的本性也有熱情，也曾是個健談開朗的人，也有自己想要追尋的東西，只是因為過去的影響，這些東西都沉睡在心底而已。

說到這裏，我想到了韓劇的女主們，她們很大部分一開始都活得很辛苦，但最後都得到幸福。我當然不會妄想成為韓劇的女主角，但韓劇的女主們得到幸福的背後，都是有一個共同點，就是從不自棄，保持善良。而這也是我堅守的，即使再痛苦也必須堅守的。在那段黑暗漫長的歲月裏，就是這些被許多人認為只是娛樂的，不切實際的韓劇陪伴著我，激勵著我走到今天。

談談吸力法則與冥想

　　2011 年，我在北京網友的家中第一次聽到吸力法則，從此便像發現了通向新世界的一道大門。我知道有很多人對這樣的一個觀念相當抵觸，我還在書店裏看過一本專門反駁吸力法則的著作，以及一些註冊心理學家指出吸力法則是無稽之談的視頻。所以，如果此時此刻的你，對吸力法則相當抗拒或是覺得完全不可信的話，那就請不要再繼續往下閱讀。如果是認為當作散文，不妨看看的話，那我得先在此說明，我並不是宣傳吸力法則，我也沒有可以把吸力法則運用得很好，迅速讓願望成真的方法，我只是談談我與「吸力法則」的一段緣分，以及它在我的心理治療中所起的作用。

　　其實早在我正式瞭解吸力法則之前，《秘密》這本書已經在書店中售賣了好多年了。每次經過書店，都會看這麼一本封面簡約，充滿了神秘感的土黃色封面的書。可能是封面太簡約，我猜不透這是一本什麼內容的書，所以我從沒有拿起來翻看。直到 2011 年，我因為一套韓劇認識了一群網友，聖誕節的時候飛到了北京與她們聚會。我沒有住進酒店民宿，而是住在其中一位網友的家。晚上跟這位網友聊天的時候，她跟我說起了吸力法則，而她家也正好有《秘密》這本書，她說如果我覺得無聊時可以看一下。就是這樣，我知道了世上有吸力法則這一說法。

　　我用很短時間便把這本書看完，雖說感覺有些不可思議，但又覺得有一定的道理。過去，為了能讓自己擺脫心理陰霾，我可以用得到的方法都用上了。而吸力法則，就是很簡單地改

變一下自己的想法，就可以吸引到自己想要的事物過來，我當然也想嘗試看看。不過，要改變長久固有的想法怎麼可能容易？特別是我這種長期處於痛苦狀態的人，不管是腦中的認知，還是所謂的潛意識，滿滿的都是「我不行」、「我不可能得到幸福」以及對整個世界的不信任。所以凡事都會不相信自己，凡事都只會向最壞的方面去想。

當我學著書中所說的，寫下我想賺到很多錢的願望時，心裏卻很自然地就附上一句：怎麼可能實現呢？當我試著去對自己說：你是值得被愛的。心裏很快便回上一句：死心吧？誰愛你？當我對著鏡子跟自己說：今天一切都會順利的，但心裏又馬上回應：世上那有這麼理想？最後當然是財富沒有增加，心情也沒有變好，一切如常，一點改變都沒有。所以，在初期接觸吸力法則的時候，我完全是一展莫籌的。但我並沒有否定吸力法則，我只是覺得自己的思想模式早已根深蒂固，要改變非常困難，因此吸力法則沒能發揮到效果。

直到多年後某天，我在圖書館看到了另一本書，讓我從重新去學習怎麼利用吸力法則。書中的方法很簡單，就是從實現一些小願望開始。比如書中說，在心裡許下願望，要看見一輛顏色很特別的車，並且給三天的時間等願望實現。注意不要許願見到那些常見的紅黑灰銀白藍，而是一些較難見到的顏色。我當時的許願是想見到一輛鮮橙色的車又或是一輛粉紅色的車，因為印象中很鮮很亮的橙色或是粉紅色的車都較少見到的。我在許下了這個願望的第一天，第二天都特別留意路上經過的車輛，可惜這兩天都沒有看到。但到了第三天，我坐著巴士經過彌敦道，忽然一輛鮮橙色的小型貨車出現了！當這輛車走進我視線中的一刻，我的心跳變得很快很快，是一種又驚又喜的感覺，同時覺得有一股能量充滿了我的全身！這大概就是「希望」被激活的感覺。

這次的小願望實現後，我又根據書中建議的，許下另一個大一點點的願望，那就是希望三天內有一件好事情會降臨在我身上，但不要限於什麼好事情。許了這個願望的第二天，我到一家餐廳吃下午茶，沒想到竟然遇到因工作而認識到的一家人。他們一見到我就熱絡地邀請我與他們同桌，結果這頓下午茶，是他們請的客。在我吃完這頓下午茶後，才猛然意識到，這不就是三天內要發生的一件好事嗎？

在這兩件事後，我就經常這樣許願，許一些很小的願望，比如今天要乘搭的巴士，在我到達車站的一刻，就立即來到。又比如出門前看著陰沉沉的天，許願等會出門不要下雨等等。

我寫下這段經歷，不是弘揚吸力法則，或是向大家證實它是怎樣怎樣的厲害。而是希望大家也能藉由這些小願望的實現，能重新燃起對生活的希望。而且小願望還有一個好處，就是不會造成太大的失望，如果你覺得可以一試，那就不妨試試，反正我在當中找到了不少樂趣。當然，害人的事情，絕對不要想。

這裏我還要補充一點，就是吸力法則不是躺在家裏什麼都不做，等願望從天掉下來。在我們許下願望的時候，我們一定要有所行動。比如之前說的，要看見一輛顏色特別的車。你總不能自己躲在小房間裏，然後就會有一輛車送到你的房間中吧？即使你不出門，好歹也走到窗邊望一下外面的街道吧？當然，你也有可能在翻看雜誌或是從電視中看到，但絕不可能躲在小房間，會有一輛車自己走上來。

在吸引一些宏大的願望時，就更不可能什麼都不做了。就當你想做一名電影演員，想得到觀眾的擁戴，你就必須在這個方向有所行動。報讀演藝學院，參加電影試鏡，到電視台去工作等。天天躲在家裏，是不會有導演自動上門找你的。

根據我多年的心得，吸引法則不是說好事從天上掉下來，而是一種助力與指引。冥冥中指引著你的方向，教導你怎麼去

走下一步。然後一步步地讓夢想成真。

　　但我們的心是一個很大的問題。因為我們的傳統教育讓我們大部分的人都是在否定中長大，所以我們的信心都是脆弱的，容易受影響的。然而實現夢想是一條很長的道路，在途中必定會遇到挫折與不如意。因此，我們要實現心中的願望，尤其是一些大的願望時，委實是很不容易。

　　所以，我們要改變我們的思維模式，從一些小願望開始是一個很好的做法。因為小，所以我們都不會很在意，即使實現不了也不會難過，但又因為小，這些願望要實現很容易。我們痛苦，是因為過去我們受到的挫敗與否定太多了，我們需要一些肯定來挽回對生活的信心。當一個個小願望實現時，不單單是信心增加了，更重要的一點是，這些小願望實現後，能讓我們找回生活的希望及熱情，這對我們走出心理陰霾有著極大的幫助。

　　第二個，冥想習慣

　　在我看來冥想是一種很好的手段，特別是我這種心情長期在鬱悶狀態的人，想要改變這種狀態，冥想是一個成本極低，能讓人迅速平靜下來的最佳手段。

　　只要點開視頻網站，打上「冥想」一詞，就會出現許多的有關冥想的視頻，有純冥想音樂，也有引導冥想。而我個人比較喜歡用引導冥想。引導冥想中的肯定語冥想是我最常用的，這類冥想就是透過對自己說一些肯定的話語來改變長久以來的沉重意識。過去我曾一度抗拒這些肯定語的，說一句我很漂亮我就真變漂亮了？說一下我很富有，我就立刻富有了？什麼廢話？就如上面說的，我過去遇到的挫敗與否定太多了，腦袋就只剩下否定。所以現在就要反過來，用肯定語來改變這種被摧殘的心態。當然這需要一段較長的時間，並且要在屏蔽內心雜音的情況下進行。假如肯定語說，你是值得被愛的，但你的內

心卻反駁我怎麼可能被愛？這樣的情況下，怎麼冥想都沒有用。所以，當你真的打算做這種冥想時，就必須讓自己的腦袋靜下來。肯定話說什麼，你就聽什麼，不要反駁，不要回應，也不要有任何評價。

我曾在一個視頻裏看到過，當一件事持續做了 21 天，就會成為一種習慣。所以我們也不妨先試 21 天。在還沒有進行到 21 天之前，還請耐心一點。也不要一邊冥想，一邊對自己說什麼改變？怎麼可能那麼容易？那有什麼問題靠想就能解決？但這世上也沒有誰說過冥想會讓人一夜間解決所有問題的吧？冥想改變的是人的心理狀態，先不去說心理改變後會發生什麼好事，就單純地說心情，冥想能使心情從焦慮慢慢變得平靜，這也是一個收穫吧？所以在真正下決心去嘗試之前，就不要先抱怨。抱怨，其實是在心裏先打了個輸數，這樣的思想，又如何讓自己走出陰霾？？

我再次強調，要治療情緒是一段很長很苦的路，是非常激烈的自我鬥爭。我這些小技巧都是根據自己的經驗總結出來的。因為每個人經歷都不一樣，所以我的經驗對其他人來說不一定有效。但因為我苦過，所以我太明白在痛苦中沒有人可以分擔的無助與悽涼。所以我才把我的經驗分享出來，我希望可以用這種方式與跟我有過一樣經歷，正在苦苦支撐的人作伴。以宏觀的角度來看，世界上每個角落都有人正在孤獨又努力地活著，努力地追尋自己要想的幸福。所以我想說，你的苦我懂，你也不是一個人在孤獨。

偶像的力量

　　在其他的文章中我說過，在心理學家的幫助下，明白了自己痛苦的原因後，我便走到了一個瓶頸位。接下來我該為自己做什麼？要怎麼做才可以完全擺脫被情緒控制？怎樣才能治癒自己？我完全不知道。

　　2018 年冬季奧運期間，我看了衛冕成功的日本花樣滑冰選手羽生結弦的訪問，腦中突然閃出一個聲音：做自己，記起你是誰。我當時的感覺就好比一直做著噩夢的人突然驚醒那般，從此雲霧消散，找到了前進的方向。雖然還不清楚離目的地還有多遠，卻是有目標的前進，不再糊裡糊塗。

　　到現在已經過去 4 年了，我仍沒法忘記當時像被一個大錘子敲醒的感覺。但那個僅僅是一個開始，是無數場自我戰鬥的開始。

　　什麼是情緒治療？我以前認為把自己的遭遇與痛苦說出來後，專業的輔導人員或是心理學家會針對你的問題，給予你意見，開導，安慰以及解決問題的方法。但當我真正瞭解心理治療後，才知道這其實是一個自己與自己不斷戰鬥的過程。長期被痛苦、鬱結、惱恨餵養長大的負面自我，就像是睡在身體裏的怪物。只是一句電視劇的對白，一個很平常的生活場景，都有可能把這隻怪物喚醒。然後不斷地拉扯著，誘惑著，叫你不要再與她對抗，要你與她一起沉淪，慫恿你只要放棄生命，便不再痛苦了。誠然，自殺是絕不可支持的，但也請別過分苛責已往生的人。因為不懂的人，是很難想像與這隻怪對抗是一件多痛苦多疲累的事。我也數度想放棄，不再反抗，閉上眼睛，

讓心臟停頓，就不用再痛了。但我不甘心呀，過去努力了這麼久，難道就全部徒然了嗎？

那段時間，我一直想著羽生結弦，一直在看羽生練習四周跳與比賽的視頻。賽場上教科書級的四周跳，是不知多少次的摔倒又起來換來的。腳踝練習到完全變形，還不斷地扭傷，很多次都要靠止痛藥才能出場比賽。2015 年，他在上海比賽時發生了與其他選手相撞的意外，誰知這一撞，還把連他自己的都不知道的一個病——臍尿管殘餘症給撞了出來。他本來該立刻動手術，但因為總決賽臨近，他只能吃著抗生素繼續比賽。比賽時，他的肚子痛到連躬躬都做不到，但他仍咬緊牙關撐過去，並且連續三次取得世界花式滑冰大獎賽的冠軍。頸項上的金牌看上去小小的，但卻盛載著旁人難以估計的汗、淚與痛。

羽生結弦的經歷告訴我，任何成功，在達到之前必須要經歷一個充滿痛與挫敗的過程。

我過去與很多人一樣，都是以旁觀者的態度看待別人的成功。比如李嘉誠是做生意的天才，他當然能為成為香港首富。比如比爾‧蓋茨有考上哈佛大學的聰明頭腦，他當然能成為全球最有錢的人之一。話說得輕巧，其實是我們不瞭解他們成功的過程，沒有領教過他們在成功之前吃過的苦。我的每一場自我鬥爭，就好比羽生在冰場上練習四周時的摔倒。他當時就是處於這個走向成功的過程中，只有堅持下去，才有可能站上頒獎台的最高點。而我也是處於這個走向成功的道路上，只有一次又一次地打敗心中的這隻怪物，才可以迎來新的人生。

從 2018 年頭到整個 2019 年，羽生的精神就猶如一團火焰，一直照亮著我。尤其是 2019 年的下半年，香港翻起巨大的政治漩渦，把一切的青春美好都捲入深淵。看著電視機中彌漫著硝煙與沉痛的畫面時，我的出身，我的職業都成為了一種尷尬，心中更充滿了對香港人的虧欠與歉意。我曾經哭著對社

工說，這段時間比過去任何一段時間都更感覺孤獨。生長在內地，卻一直覺得自己與內地的一切格格不入，如今，我又不知道這樣的出身該如面對香港人，走在街上，甚至會幻想有年輕人跑我跟前控訴。這種裏外不是人的感覺讓我很多個晚上都難以入眠，這讓好不容易變好的情緒一度跌回心理治療之前的狀態，起起伏伏，非常不穩。那段時間，也是羽生的精神在鼓勵著我，只有戰勝心裏的怪物，才能變得強大，才能向他人證明真實的自己。連社工都說，你實在太努力了。我跟他說，一切歸功於羽生結弦。

其實，被這一位素昧平生，身分年齡地位相差 1000000 光年的人激勵著，影響著，每每想起都覺無比的神奇。但如果你問，羽生結弦就是你的偶像嗎？我會回答：不是的。我喜歡的演員歌手很多，但從沒有當過誰的粉絲，因為從本質上來看，我與他們一樣都是生活在地球的人。我喜歡他們的外表，欣賞他們的才華，但我沒有必要讓自己的生活充滿著他或是把他當神明般崇拜。如果以現今追捧偶像的標準：加入羽生的粉絲群；追著他全世界跑，每場比賽都到現場支持；凡他代言的產品都必買；收集所有他的周邊與海報等，我全部都沒有做過。我不需要親眼見到他，不用與他有近距離的接觸，我要的他早就給我了，就是他的那分堅毅精神。這分精神在我心裏燃燒著，在我沮喪時給予我無比的勇氣。所以，與其說我把他看成偶像，倒不如說我對他是懷著無比尊敬與感激，還有深深的祝福。

這裏還有一個有趣的地方，其實早在 2014 年的時候，羽生結弦在俄羅斯索契冬季奧運會的亮眼表現，已經給我留下了深刻的印象。可奇怪的是，那個時候我沒想過去瞭解這位運動員。我曾經幻想，如果我早一點去瞭解他，是不是就可以早一點擺脫心理的陰霾？但現在回想起來，這是最好的安排。上天大概知道 2018 年的我，才真的需要一個突破過去人生的啟示，

所以它送來了羽生結弦，他是上天給我最美好的禮物。

2018 年真的很特別，是很值得回憶的一年，因為很多人的快樂與自由，就是停留在這一年。2018 年 2 月，我受羽生的啟發，找到擺脫情緒的突破口，接下來的時間裏，不管是情緒或是心態，我都在持續進步中。同年的 10 月，我突然想到 3 年沒有旅遊了，於是與一位網友約好，11 月頭到日本玩一趟。活到這個年歲，我還是第一次到日本旅遊。當我在羽生結弦的出生地日本仙台市到處遊玩時，一位日後風靡香港的新星正式出道了。而我更沒想到，3 年後，他掀開了我一段塵封的記憶，讓我再次展開一趟治癒的旅程。

不知道從什麼時候開始，日常生活中總會聽到姜濤這個名字。YouTube 中訂閱的頻道會提到，走過便利店，雜誌的封面會看到，甚至好幾位評論政治的網台主持人都會提到。但就跟 2014 年，我第一次知道羽生結弦一樣，時候還沒有到，所以即便我不斷地聽到這個名字，還看過他好幾個廣告，可對他卻沒留下什麼印象，就只記得是一位非常年輕的男孩，其他的就不知道了！

2021 年，一首《孤獨病》讓我真正注意到姜濤。這首歌可以說是我為數不多的，真正愛上的歌曲之一。然後我還看了好些有關他的視頻，比如他嶄露頭角的《全民造星》、成名後回應各方質疑的歌曲《Master Class》、《答案》系列紀錄片以及 2022 年 1 月上架的《鏡中鏡》。本來就抱著娛樂的心態去觀看，可看著看著就覺得有那麼點東西了。雖說我與他是不同世代的人，但在他身上，我看到很多自己的影子，甚至一些我已經遺忘了的事情。那是一段我不想記起的往事，但即使我努力按住自己不要去想，卻還是禁不住一幕幕地湧現。在那段早已離我而去的青春歲月中，我也有過與姜濤非常似的夢想，但他保護好了自己的夢想，而我卻無奈把它砸碎。

9歲那年，鎮上舉行運動會，我們學校被選中了在開幕式中表演一段舞蹈。而我就是參與這段舞蹈表演的一員。開幕式那天，鎮裏的電視台來錄影，多所學校的學生還有運動員都聚集在一起。雖然表演的那天我發著高燒，但在大眾面前表演的快樂，讓我忘記了所有的病痛。表演過後，我被診斷患上了腮腺炎，右臉又腫又痛，痛到連飯都沒法咀嚼，每天只能吃粥。雖然那十幾天過得很辛苦，但每當想到開幕式的表演，就覺得這些疼痛算不上什麼了。

　　從此以後，凡是與表演有關的事，我都非常積極。學校舉辦合唱團，我第一個報名參加，沒想到竟被選上了，雖然只是唱和音，但我已經很滿足了，還代表過學校參加公開比賽呢。鎮裏的小教堂舉辦文娛活動，我也不羞不臊地去參加。每年學校的元旦、中秋晚會，我有時會上台表演，有時則是策劃表演。不但舞台上的表演，班中每個月的壁報製作也一定有我的參與。

　　我曾經很單純地認為，就這樣一邊求學，一邊做自己喜歡的事，到了以後說不定可以向這方面發展。當個舞台劇演員？系統地學習畫畫？去學攝影與設計也不錯。不管如何，只要是向藝術方向發展，我都願意去嘗試。

　　可我沒想到，我這個只有迷糊概念的夢想，在五年級的時候便遭受第一次衝擊。那是我搬到城市居住的第一年，剛好在那一年，市裏舉行第三屆藝術節。我被班主任推薦去參加一個畫畫比賽。

　　由於是較大型的比賽，所以指導老師要求比較高，每天放學後，都要留來練習。雖然要晚點才能回家，但我卻樂在其中。因為我可以隨意地用畫室裏各種各樣的顏料與畫具，盡情地畫畫。比起回家要聽母親的使喚，聽她與父親的吵鬧聲，這種可以畫畫，又耳根清靜的生活不知道有多愜意。

　　這次比賽的主題是環保，老師任由我們自己創作，然後選

一些作品進行修改，再決定選誰去比賽。那時我還真有點野心，希望自己的創作可以被選上。因此，那段時間除了上課與做功課，腦中的第三件事就是創作，不用上課的日子，我也是躲在房間裏，邊聽著歌邊畫草圖。最後我交給老師十幾張草圖，老師最後選中了一幅以地球為主題的畫。然後，老師對我這幅畫進行了部分修改，還要求我與組員們一起練習畫這幅畫。那時我就覺有點不對勁了，怎麼所有組員都畫一幅畫？不是各自畫好自己的創作，然後再由老師選的嗎？果然，讓我難過的事情發生了，老師選了另一位組員去參加藝術節中一個即場畫畫的比賽，而畫的就是我的創作。

我當時真的非常不服氣，我不服氣的不是我沒有被老師選上，我是不甘我的創作竟交給別人來用，那是我花了一個通宵想出來的畫作！母親知道這件事後，立刻走到學校跟校長理論。我自問把想法表達得很清楚，就是我不在意沒有被選去出賽，而是請出賽的組員不要用我的創作。然而校長偷換概念，說因為那位同學的臨場發揮比我好，所以就選了她，完全無視我真正的訴求。可他是校長，我是一位 12 歲的小學生，又怎麼可能讓這群高高在上的師長們認錯呢？再怎麼不服氣，這口氣也只能硬往肚子裏咽。

也不知道指導老師是不是出於愧疚，她讓我去參加藝術節的另一個畫畫比賽。我很記得從她提出參加這個比賽，到我完成作品，再到把作品上交評審，就只是用了四天的時間。一個星期後，班主任告訴我，那幅畫竟然得到了第一名。

藝術節閉幕，指導老師還帶了我去參加了一個鋼筆書法比賽。雖然沒有拿到任何名次，但還是被冠以優秀作品被拿去展覽。畫作拿了第一名，書法作品被拿去展覽，還有學校一連串的表揚，可我完全高興不起來。我就只想單純地畫畫，我希望我可以一直畫下去，但我沒想到會遇上這一系列的操作！如果

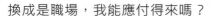

換成是職場，我能應付得來嗎？

　　到了專科學校，我內心那股表演欲算是得到最大的滿足。我不記得是什麼原因了，好像是我的普通話發音不錯吧，入學第二幾天，我便代表新生向全校發言，發言的講稿還是我自己寫。自此之後，學校有什麼文娛活動，演講比賽，班裏的同學都會第一時間想到我。但由於我的身材站在眾女同學當中顯得非常突兀，所以我很自量地不參與舞蹈演出，成為了背後的編舞，看著同學們在台上接受大家的掌聲，雖然我沒有站在當中，但內心卻格外的滿足。後來，學校電台選新一批播音員，師姐們連面試都免去，直接讓我成為其中的一員。

　　但人類社會都逃不過一個定律，就是當你出現在眾人眼前，不管是在一所小小的學校，還是世界級的巨星，即便沒有黑歷史，沒有做傷天害理之事，沒有失當的行為，都逃不了被說三道四的定律。

　　那時我已經有 15，6 歲，算是懂得一些人情世故。當我走進眾人視線，我便告誡自己，要時刻注意自己的言談，人前人後都必須要有禮貌，不可以有任何囂張心理。但不管我怎麼謹言慎行，旁邊的閒言閒語還是悄然四起了。某次我與隔壁班一位男生搭檔做了一回歌唱比賽的司儀後，隔壁班的女生們就對我議論紛紛。如果她們說我表現不佳我完全接受，但說我驕傲自大，還勾引那位搭檔的男生，我便不能忍了。得知隔壁班女生在晚飯後都喜歡聚在宿舍的頂樓聊天後，於是我一吃完晚飯，便往頂樓衝去。

　　她們見到我感到很驚訝，但似乎沒有特別的排斥。我對她們說：

　　「不好意思打擾了，但我覺得我必須要來親自解釋一下，我沒有驕傲自大，更沒有要勾引你們班那位男生。」

　　「我沒有說你勾引呀，只是覺得你靠他靠得太近了。」

其中一位女生回答。

「靠得太近？我的天！我當時只是想看比賽結果，所以把頭靠過，我根本沒有注意到近或不近，但我肯定當時沒有觸碰到他。還有，我哪裏驕傲自大了？我對你們當中的誰不禮貌了？」

我與那位男生私下完全沒有交集，怎麼會有這種流言？

「沒什麼，就是覺得你的外表看上去不好相處，但現在看你其實挺好相處的。」

夫子不是長年教我們人不可貌相的嗎？我心裏不禁歎氣。

說話的是一位身材很嬌小的女生，至今我仍記得她的名字，真是人如其名──小燕。

這時又一位隔壁班女生來到了頂樓，小燕一見到她便說道：

「你看，她來了，原來她也沒有想像中的難相處。」

聽著小燕跟那位女生說的話，我很驚訝，這麼快便接受我了？我還以為要跟她們解釋很久呢。

然而，世上不是所有的事情都那麼容易擺平。某天我在學校播音室的信箱中收到一封信，字跡相當的漂亮，但通篇都是罵我的話，叫我不再做跳樑小丑。如果他有具體指出我錯在什麼地方，我也樂意去改，但他卻沒有提出具體的錯誤，這讓我格外委屈，也非常的莫名其妙。往後，我斷斷續續收到叫我「收聲」，「收皮」的卡片，放在教室的課本被人塗鴉，還試過在廣播室廣播時，有人在門外大喊「死八婆」！唉……其實我願意改的，但為何不告訴我哪裏做得不好了呢？

我們的學校，雖然只是一所普通的中專學校，但跟大學一樣也有學生會，而且每年都會有學生會幹部的競選。那一年，我們班的一位女生當了宣傳部委員。不久後，本來定下由我來編排的元旦舞蹈，立刻換成了她。本來由我擔任的司儀，也換

成了她。對於這些，其實我不太在意，雖然我喜歡做這些事情，但這不是我專屬的。我在意的是，她與我同班，平時也算聊得來，為什麼一直不跟我說她想做那些事呢？這樣沒有任何預告地把我換掉，不能說很難過但就是覺得不是滋味。接下來的發展還帶點戲劇性。她編排的舞蹈沒有在晚會中拿到獎。然後她跟我說，年底的舞蹈交由我來編排。其實我不想答應，無奈這是班主任與同學們的要求，因為在之前我拿過第三名。這讓我倍感壓力，她沒有拿到獎，就一下子把她換掉，連我都替她難受。我拿過獎，但我並不保證我每次都拿獎呀！

那天，當校長宣佈我編排的舞蹈得到第二名時，我當場鬆了口氣，但又有些難過。我想著那位女生，我想著她當時的心情。我總覺得同學們好像在看著我們比賽一樣，但我與她從來都不是競爭對手，我與她都只是做著自己喜歡的事情而已。後來學校與廣州某名牌大學來了場交流會，校長問我是不是我來當主持，我說不是。心裏也在感謝：幸好沒有讓我去做。

無可否認，我喜歡那種站在舞台上的感覺，我喜歡做播音員，我喜歡代表班級參加辯論比賽，我也喜歡在幕後參與策劃。但在學校裏遇到的事情讓我一下子看清了這世間的冷漠與勢利。我開始變得畏縮，我不想面對是非，不想面對別人異樣的目光。我害怕那些無中生有的傳言，還有同學間那種看似和睦，實則是在暗暗較量的狀況。我自問言行舉止都非常注意，但怎麼還是有不熟悉我的人討厭我？那次晚會過後，我不知道自己是成長了，還是被嚇倒了。我一直以為學生是最簡單的群體，學習是我們主要的任務，其他社團，文娛活動都不過是在豐富我們的校園生活而已。什麼流言，什麼暗自角力，我以為都只是發生在成年人的世界，而不是發生在我這些小輩身上。在單純的校園中尚且如此，假若我真的向這方面發展，我又能否應付得了成年世界的險惡？從那個時候開始，我便叫自己不要去想這件事，夢想嘛……就只是夢裏的一個想法而已。

當剛知道姜濤這個人物時，我有些自慚形穢。我覺得上天似乎要藉由一個與我有相似經歷的人來諷刺我過去的懦弱與不爭。同樣是 11，2 歲的年紀開始發胖，同樣有被嘲笑與霸凌的經歷，同樣是中三後進入專科學校學習，同樣有著一個表演的夢，但他已是炙手可熱的明星，而我只是普通中年老女人，每天在社會底層掙扎求存。但當我再三去認真回想，再三與自己深入對話後，便漸漸領悟到，有些往事我不願想起，不是往事本身，而是害怕回憶起那些事情時的疼痛、愧疚、羞恥與不甘。而且，我總覺得這世界沒有人會站在我這邊，我會幻想如果我把這些事情向別人傾訴，人們是怎樣的反應？應該會指責道：明明就是你不夠努，明明就是你不掙氣，不要為自己找藉口！

是的，實力不夠，可以報讀一些課程提高實力。可報讀課程的錢呢？再說那個年代，有關畫畫、舞蹈的課程並不如現在滿街都是。即使有錢，想要報讀也要懂得尋找的門路。那麼不去讀可以自學呀。自學嗎？畫畫我真的有，為數不多的零用錢都用來買美術用品了。但也許是天賦不夠，我自己畫了很多年，似乎都沒有多大的進步，尤其在人像方面，我怎樣都捉不到竅門，畫來畫去都畫得不像。我也曾經向畫畫了得的人請教過，但得到的回答永遠是：沒什麼呀，練多了就可以了，我想大概是與我不熟，不想多說吧。再說跳舞唱歌，我的嗓子是不適合唱歌的，這點我很清楚，所以我只能在合唱團做一下和音。跳舞的話，如果那時家中有一台電腦，父母又給我足夠的空間去練習的話，或許現在我能積累到一點功底，問題是那個年代一台 desktop 也要 6000 元人民幣，那是上世紀 90 年代，6000元對我家來說絕對是個大數目，我的父母想拿也拿不出來。當時的社會風氣也沒有現在這般寬容，往藝術發展就是不務正業，所以這個走藝術道路的夢，我連說都不太敢。試問世上有幾個幸運兒能如漫畫的主角般，誤打誤撞地遇到貴人，在貴人的幫

助下一路過關斬將，最後成為某個領域中的矚目新星呢？

　　其實在別人指責我之前，我也一再問自己是否在找藉口？但無論我問自己多少次答案都一樣。如果給我時光倒流的機會，除非我的原生家庭有所改變，家裏有一位真正疼愛我的人，又或者我遲出生 20 年，成長在互聯網漸漸普及，每人至少一手機一電腦的年代，否則，不管時光倒流多少回，我還是會長成今天的我。不是因為懦弱，是因為我太清楚當年的風氣，當時的家庭條件，實在沒有任何資源人脈支持我走下去。

　　過去我一直不敢直面這段過往，即使在心理治療時也很少提及，因為總覺得自己辜負了青春。但當我再重新去整理這段回憶後，我明白到上天不是藉由姜濤來讓我羞慚，而是如姜濤第九首單曲《鏡中鏡》中說的：

才回望十歲舊時肥仔

方知 我要折返童年時

追尋何時 欺凌何時

才尋回一條門匙

解開傷口 細意探視

領我頓悟 用力吐

懷疑和懦弱 盡力吐

靈魂和內臟 落力吐（分解）

童年和現在 合力吐（匯聚）

　　那些陳年舊事若不去清理，它依然是內心的一道創疤，依然沒法真正被治癒。所以必須好好整理，把所有的遺憾、懷疑、懦弱、痛苦都吐出來。吐完後，就讓自己過上新的人生，然後完成自己另一個夢想，把這些文章出版成書。

　　其實早在 2014 年我已有把自己的經歷出版成書的想法，我還向第一位給我做心理治療的心理學家說過。心理學家笑說道，到時就買一本放在辦公室，可以給其他個案作個參考。但

一晃七年多過去了，不知道她還記不記得這件事？

其實這七年多的時間中，我完全沒有停止過為這本書努力。但過去的思維不夠清晰，要說的話也非常多，多次列出大綱又多次改變，文章也不停增加刪除，刪除後又增加。用來起稿的原稿紙與筆記本不知用了多少疊，但就是寫不出讓自己滿意的文章來。2019 年年底，因為疫情肆虐工作少了很多，我便決心靜下來寫作。經過快兩年的奮戰，我總算熬出一點象樣的東西。但另一個問題產生了。當我逛書店的時候，發現類似的書籍多不勝數。我這無名小卒，又非文筆超羣，我憑什麼可以引起他人的注意呢？雖說我寫這本書沒有想過能賺到錢，我就志在分享，但歷時七年辛辛苦苦熬出來的文字完全沒有人看過，真的不是一般的心酸！想到這裏我便想打退堂鼓。心想既然已知道結局，又何必自找苦吃？為此我又在猶豫中度過了一段時間。

不久前，我看到了《調教你 Mirror》中的一個片段。姜濤在片段中說，對表演的事情他非常固執，即使經理人也爭不過他，寧願作品推出後反應不好才加以改進，卻不想在做之前放棄。我頓時覺得，相比起他，作品失敗後我要付出的代價遠遠比他少。我大不了就是虧一些錢，雖然對於一個基層來說不算小數目，但也是有限數。所以，我怎麼不去冒一回險呢？半生庸庸碌碌，那這次就大膽一回吧。

以下這段話，是致各位父母的：

各位父母們，可以的話，就請支持你們孩子的夢想吧。2011 年 3 月 11 日，日本東北部大地震，羽生結弦的家鄉仙台遭到毀滅性的打擊。2012 年 3 月，羽生結弦首次在法國尼斯世界花式滑冰錦標賽獲得銅牌，為家鄉飽受天災之苦的民眾帶來慰藉與希望。2018 年 10 月姜濤奪得《全民造星》冠軍。2019 年香港掀起政治巨浪，接著是可怕的新冠肺炎肆虐。三年多的

時間，姜濤與 Mirror 為心情低落的香港人帶來了苦中的一點甜。他們大多都只是二十多歲的年輕人，他們用自己的努力與作品，在社會發出光與熱，給予無數人正面影響。但如果當初沒有父母的支持，他們就未必可以有今天的成就。所以，如果你身邊也有一個懷抱著夢想的孩子，假如他的夢想在合理範圍內，假如你有支持他的條件，那就讓他為自己的夢想拼一把吧。我真心希望，孩子們都可以有機會為自己的夢想努力，而不會像我一樣根本沒有機會為自己的夢想去拼。青春就那麼一回，就盡力讓它變得精彩吧。

31

今天的我是個幸福的人了嗎？

　　2013 年年末，我正式開始了心理治療，到 2019 年年底，就在疫情爆發前的一個月左右，我的心理治療正式結束。期間我非常積極地配合心理學家與社工，在空餘時間，我透過閱讀大量的書籍、冥想、寫作，甚至占卜等方法，讓自己可以更快地走出陰霾。前後六年的心理治療，再加上一系列的自救，現在的我，已成為了一位積極陽光，幸福滿足的人了嗎？

　　不是的。

　　不會吧，過去六年的時間中，又是閱讀冥想，又是接受心理治療，做了那麼多事，還沒有成為一個幸福的人？原因很簡單，假設你每天習慣往左走，某天要你從此改往右走，你也要好幾天的時間才可以適應過來吧？過去幾十年，我的心都不是曾感受過幸福，要在短短幾年就馬上有一個 180 度的轉變，那有那麼容易？何況心理治療不同於普通的身體疾病，只要遵照醫囑，按時服藥，

　　便能完全康復。心理治療其實是我人生的一個轉振點，讓我徹底瞭解自己，瞭解痛苦產生的原因，以一個全新的角度看待過往的人生。不過 6 年來所付出的努力與時間不是白費的，雖然我還不能說自己的心理已經相當健康，但今天的我的確與過去的我有著大大的不同，只要生活在繼續，煩惱就不可能消失。在面對生活的困境時，我再也不會像從前那般只會終日憂愁，焦慮到茶飯不思。今天的我，學會了感恩，也學會了什麼叫隨遇而安，船到橋頭自然直，明天自有明天的事，我們只要過好今天就可以了。

2022 年 2 月，就在寫這篇文章的當刻，香港的天空已經很多天沒有見到太陽了，最近這幾天，氣溫更是降到只有 11，2 度，外面一直下著綿綿細雨，已經兩天多了，都沒有要停雨的意思。然而香港人的心情比這陰冷的天氣還要陰冷。第五波疫情來勢洶洶，每天確診的數字不斷創新高。為了遏止疫情，很多商舖都必須配合政府的要求停止營業，一些沒有被要求停止營業的店舖，也因為確診人數不斷增加而主動關閉店舖避疫。這導致小商戶小企業相繼倒閉，失業人數大量增，我當然也受到波及。

　　從農曆新年開始，就陸續有家長通知我不要到他們家上課了。我的收入本來就非常不穩定，經這疫症的影響，收入更是大幅地減少。從一月底到二月這段時間的收入最多就只有二，三千元，天天就宅在家中做飯洗衣，與失業者幾乎沒區別。而且疫情過後，那些家長也不一定會重新起用我，失去的收入可能永遠都回不來，還真是前路茫茫呀。看看鏡中的自己，已經是步入中年的人了，從小生活在不友好的環境中，親情、友情、愛情、家世、頭腦、學歷、外表、技能、金錢，我統統都沒有。不管是外在硬件還是內在軟實力，都是人生失敗組中最頂端的一員。我知道很多人對我這種人都相當不屑，人到中年一事無成，用一句經典的廣東話來說就是「唔死都冇用」。是的，我過去也認為自己是「唔死都冇用」，但現在的我，面對眼前一片漆黑的前路卻是異常的平靜。因為經歷了那麼多的事情以後，我接受了自己的平庸，我也瞭解我自己，我不是好逸惡勞之人，我清楚自己在過去為了突破而付出過的努力，但世事有時就是「巧婦難為無米炊」。有些條件我沒有就是沒有，任憑我怎麼有心有力去做，最後也只能以放棄告終。你可以說我在找藉口，但我有沒有努力，我自己知道，我問心無愧，所以我感覺平靜。再說，每天在著急，滿腦袋想著如何解決，問題就立刻解決了

嗎？疫情就立刻消失了嗎？這種大環境根本不是我可以去控制的，那我不如放輕鬆點，趟在沙發上隨遇而安了。

其實若認真地去計較，我不但不該去為未知的將來擔心，我還要去感恩這樣的際遇。因為相比起某部分上班族，我的損失是遠遠不及他們的。我本來就是野草一樣的存在，工作不定，收入不穩，沒有大公司給我遮蔭，更不會有任何福利津貼或有薪假期，唯一的好處就是自由。但上班族不一樣，他們不但沒有了一分固定的收入，就連有薪假期和年假都沒有了。以前，我還挺羨慕上班族們下班後有同事聚會，工作時有同事可以交流。但現在疫情來襲，班上不了，同事見不了，還要整天留在班中防止得病，很多人都禁不住在社交網站大叫好無聊。而我來本就是個萬年臭宅，躲在家中完全沒有不適應的，即使是實行全民強檢，只要確保家中食物足夠，不停歇水電的提供，被關上一個月也不是問題。不要誤會，我不是嘲笑他人抬高自己。我只是想說，很多事情都有兩面性，即使是我這種一無所有的人，在這時候，還是可以找到感恩的地方。

因為多了時間留在家中，我要面對家中老母親的時間，也大大地增加。如果是從前，不用工作的時候，我寧願到圖書館坐一整天，都不想留在家裏。這麼多年了，我還是沒法搞懂，母親怎麼可以時刻處在一個焦躁的狀態。她是怎麼可以做到事事都看不順眼的？就連外面地上多了幾片黃葉，欄杆上蒙了點灰塵，她都可以抱怨一番。最要命的還是與她聊天，說著說著，就可以說到過去；說著說著，就開始痛罵父親；說著說著，就會生氣某個鄰居曾說她肥。如果任由她抱怨一番，可以把事情放下，那我耳朵受的罪也算值得。問題是她不管怎麼抱怨，她的怨恨好像都減少不了，幾十年來，她每次抱怨的事情都是重複重複再重複，有時我實在忍不下去，便對她說：「這些話上次不是說過了嗎？」

「我什麼時候說過？這些話我從沒說過，怎麼啦？現在連說一下的自由都沒有了嗎？」

唉……政府何時派消費券，她天天都知道數著日子，現在說她叨嘮，她就對自己做過的事情全都忘了。那些說有母親叨嘮是一件幸福的事的聖人們。我真的非常希望你們來跟我母親住一段時間。只要一個月，我保證你抱著包袱挽著鞋履逃走。

我本來以為，因為疫情，我被逼留在家中整天對著她，我會因她無休止的抱怨聲而煩到想從 18 樓跳下去。但神奇的是，現在我看她抱怨，心裏反倒了少了一些抗拒，多了一分同情。這個在外祖父外祖母壓迫下長大的女人，一輩子都學不會愛自己，一輩子都找不到自己真正的價值，甚至連外界的幫助她都拒諸門外。她只有不停地做家務，不停地抱怨，才能實現自我價值以及找回心理上的平衡。每每看到她被困在自己所設的局中沒法自拔的時，她的抱怨聲也變得沒有那麼刺耳了。

我想起了第一輪做心理治療時，心理學家曾經對我說過的話。我向她透露母親的情況，並且還說，如果我能讓母親過上錦衣玉食的生活，她的抱怨會不會少一點。心理學家回答說，有錦衣玉食的生活她也未必會開心，但若你不在了，她會很不開心。她沒有意識到是她需要你，而不是你需要她。當時我不太明白這些話的意思，因為母親那一輩的人，都有養兒防老的思想，如果孩子不能給父母好生活，那麼要孩子來有什麼用？

現在我才明白，心理學家指的，是母親需要一個人來聽她抱怨，她做的飯也需要有人來吃，假如沒有人聽她抱怨，沒有人吃她做的飯，她便會失了生活的重心。想到心理學家這番話，我感覺又再舒服了一點，雖然怎麼說我都不會比得上那些擁高薪厚職的成功人士，能讓父母住上過千呎的大屋，還有傭人伺候。但我也不是毫無用處，至少我承受了他們都未必能承受的事情。不過有一說一，如果我有搬出去住的能力，我還是會毫不猶豫地搬出

去住。但不同的是，過去我希望可以走得遠遠的，甚至移民到別的國家去。每月給母親匯生活費，一年回來探望一次，可以這樣的話，我就解脫了。但現在讓我選，我最多從九龍搬到香港島，生活費定時給，每星期回來探望母親，既不會離她太遠，又可以過自己的日子，這樣對她對我而言都是最好的。

最近，我開始了深入地去瞭解靈性成長、靈魂揚升、吸力法則等話題，我發現我的心理狀態又進步了一些。雖然有些心理學家對這些話題都予以否定，但我卻覺得對我的幫助很大。

我相信很多人都跟我一樣，覺得生活在地球是一件極度辛苦的事情。但若我們換一個靈性的角度去看，感覺也許會舒服一點。從靈性的度來看，地球就是一所巨大的學校，我們遇到的人與事都是我們要學習的課題。在工作上屢遇挫敗，也許是要學習面對真正的內心需要，不要再做不適合自己的工作。在職場上總是受到欺凌，也許要學習提高實力，讓自己變得強大。如果是在人際關係上碰釘，我覺得要學習的課題比較複雜，既要學習與他人相處結交之道，也要學習認識自己，完善自己。但不管我們會遇到什麼樣的課題，最重點的是我們願意在這些課題中不斷成長。因為這些課題，有的純屬小菜一碟。有的則是無比殘忍，就好比我們生在沒有愛的家庭，又比如那些失去摯愛的人們。所以我們是否願意成長才是最關鍵。是要在這些考驗中萎靡不振，還是戰勝痛苦楚，讓人生得以升華？就完全取決於我們自己了。

我不是在說雞湯文，這些都是我最近一段時間的真實感悟。當初接觸這些話題，一來是因為興趣，二是為了療癒。雖然我本也相信超自然的存在。但因為吃過的苦太多，怨懟太深，一時間要我把這些苦痛看成是課題，當時就只是一聲冷笑，覺得那些提出的人都在說風涼話。但當我認真閱讀相關著作，並且跟著書中所提供的方法去實踐後，我的想法便一點點地改變。那些曾經傷害過我的人，當我再次想起他們時漸漸覺得不再怨

恨了。對於那些我拚命想留住卻又留不住的人與物，我也變得釋然，不再像過往那般覺得遺憾與不甘心了。因為他們的出現，都帶著讓我學習的使命，當我學到我該學到的東西時，他們便會漸漸遠離我的生命。這與佛教徒說的緣起有時，緣滅有時，不是有異曲同工之妙嗎？佛要我們平靜面對世事，宇宙也是一樣。但佛教與靈性成長卻又大不相同。佛教提出輪迴理論，今生受的苦就是因為要償還前生作的孽。但靈性成長的理論是，你所受的苦是來自出生前靈魂與宇宙定下的契約，是靈魂自己選擇降生後要經歷什麼樣的人生，而生命遇到的事情，都是靈魂想要在地球上想學習的課題。

　　我希望佛教徒們看到我的文字不要生氣，我並沒有否定任何宗教的意思。只是我認為靈性成長這一套理論更加適合我。我的出生，我所受的苦是因為我要學習，而不是為了還債與贖罪，靈性成長的理論讓我感覺更加積極。不過我也不是沒有抱怨過，因為我已經這麼努力了，但課題怎麼還是一個接一個，不知道何時才會完結。有時我也會對著天空說，考驗可不可以少一點？幾十年了，我真的很累。

　　這就是我，一介凡人。不可能永遠沒有煩惱，不可能一輩子都無憂無慮。即使進行了心理治療，我也知道那顆長久沒有感受過幸福的心，不會那麼容易找回幸福的感覺。大概就如那位馮社工說的，我的大腦太久沒有製造多巴胺了，所以這方面變得遲鈍或者已經像壞死的機械般──不會動了。但都不要緊了，或許我生於地球的任務不是得到幸福，而是學習怎樣好好地做一個凡人。

作　　　者	四月
書　　　名	給與我差不多的你
出　　　版	超媒體出版有限公司
地　　　址	荃灣柴灣角街 34-36 號萬達來工業中心 21 樓 02 室
出版計劃查詢	（852）3596 4296
電　　　郵	info@easy-publish.org
網　　　址	http：//www.easy-publish.org
香 港 總 經 銷	聯合新零售（香港）有限公司
出 版 日 期	2022 年 7 月
圖 書 分 類	心靈勵志
國 際 書 號	978-988-8806-02-7
定　　　價	HK$85

Printed and Published in Hong Kong